HISTOIRE

DE LA

GUERRE DE 1870-71

DES MÊMES AUTEURS

A LA LIBRAIRIE PLON-NOURRI ET Cie

UNE ÉPOQUE

1. Le Désastre (Metz, 1870). 1 vol. . . . . 3 fr. 50
2. Les Tronçons du Glaive (Défense nationale, 1870-71). 1 vol. . . . . 3 fr. 50
3. Les Braves Gens (Épisodes 1870-71). 1 vol. . . . . . 3 fr. 50

EN PRÉPARATION :

4. La Commune (Paris-Versailles, 1871).

HISTOIRE

DE LA

GUERRE DE 1870-71

PAR

PAUL ET VICTOR MARGUERITTE

ILLUSTRÉE

DE 52 PORTRAITS ET DE 24 PLANS DE BATAILLE

PARIS

GEORGES CHAMEROT, ÉDITEUR

4, RUE DE FURSTENBERG

AVANT-PROPOS

Une des plus pernicieuses maladies qui puisse ronger un peuple, c'est l'oubli. Surtout l'oubli des mauvais jours. Si la France de Napoléon III fut battue, c'est peut-être qu'elle ne se souvenait que de ses victoires. Qui fit au contraire l'unité de l'Allemagne, sinon le souvenir d'Iéna, au cœur blessé de la Prusse? Trop d'adolescents, chez nous, ignorent, — parce que trop de parents l'ont oublié, — presque tout de la rude secousse, de l'avertissement sanglant de 1870.

C'est un fait.

Cette histoire qui nous touche de si près, cette histoire pour laquelle nos pères sont morts sur les champs de bataille de Metz et de Sedan, dans les boues de la Loire ou les neiges de l'Est, cette histoire aux dures leçons, on la sait mal, ou on ne la sait plus.

Admettons que dans un certain nombre de communes, notamment celles qui eurent à souffrir de l'invasion, la mémoire en soit vivace. Presque partout néanmoins l'oubli tombe, recouvre peu à peu ce passé si proche, — et si lointain! — de sa cendre, de sa crasse. Oui, il faut prononcer ce mot, car un tel oubli n'est pas beau, n'est pas noble, n'est pas fier.

Il serait indigne de vainqueurs. Il est coupable chez des vaincus. Non, certes, qu'il soit bon d'entretenir des idées de vengeance et de haine, non qu'il faille pousser à cette cruelle chose qu'est la guerre. Nul homme digne de ce nom n'oserait souhaiter, de gaîté de cœur, le retour d'un pareil fléau. Mais qui sait? Demain peut-être, pour la défense du sol, pour le maintien du drapeau, cette guerre, que les mères maudissent, peut s'imposer à nous comme le plus sacré des devoirs. C'est en nous souvenant du passé, que nous saurons être prêts, s'il le fallait, dans l'avenir. C'est par ce constant regard derrière et devant soi, qu'un pays prend et garde conscience de sa force.

On n'est respecté que quand on est fort.

Mais pour cela, pour que les citoyens, les soldats de demain se souviennent, pour qu'ils prévoient, il faut que les enfants d'aujourd'hui aient appris.

Qu'est-ce que l'histoire? un perpétuel recommencement.

Le plus sûr moyen de ne pas retomber aux mêmes fautes, c'est de connaître ses fautes, et pourquoi, et comment on succomba. Remède amer, mais tonique. Forme de souvenir qui, dans sa dignité simple, a de la beauté.

C'est ce souvenir-là que nous voudrions voir inculquer dans toutes les écoles et toutes les casernes. Il ne va pas sans quelque consolation d'héroïsme. Il a pour signification profonde le respect des morts, et le culte, sans fétichisme, de la race.

De ces réflexions est né ce petit livre.

Entre tant de sommaires ou d'importants ouvrages consacrés à la guerre de 1870-71, nous avons pensé qu'il y avait toujours place pour un court récit d'ensemble; et voilà pourquoi, après Lehautcourt, après Duquet, Sorel, Rousset, après Chuquet, Niox, vingt autres encore, auxquels nous devons tant, nous avons eu l'ambition d'écrire, pour le plus de futurs soldats, c'est-à-dire de citoyens possible, ce memento.

INDEX

PREMIÈRE PARTIE

De la déclaration de guerre à la chute de l'Empire.
18 Juillet-4 Septembre 1870.

DEUXIÈME PARTIE

De la Proclamation
de la République aux premiers jours de Décembre.

TROISIÈME PARTIE

Des premiers jours de Décembre à la ratification des préliminaires de la paix.

LA

GUERRE DE 1870-71

PREMIÈRE PARTIE

DE LA DÉCLARATION DE GUERRE A LA CHUTE DE L'EMPIRE

18 Juillet — 4 Septembre 1870.

CHAPITRE PREMIER

LES ORIGINES. — LES DEUX NATIONS. — LA DÉCLARATION DE GUERRE.

On comprendrait mal le cataclysme où notre pays en 1870 faillit sombrer, si l'on ne se reportait par la pensée à ces jours d'illusions, et si l'on n'étudiait d'abord, dans leurs causes, les événements qui sur la nation surprise éclatèrent alors, comme un coup de tonnèrre dans un ciel bleu.

La France, à cette époque, commençait à se réveiller à peine d'une longue torpeur. Depuis dix-huit ans elle s'était laissée vivre, elle somnolait, confiante, aux mains qui l'avaient prise. Elle était engourdie par la prospérité matérielle, des habitudes de bien-être et par suite un dissolvant besoin de luxe. Elle savourait encore le triomphe qu'avait été l'Exposition de 1867. Elle se berçait aussi, profondément, au bruit glorieux des victoires de Crimée et d'Italie. Son armée, aguerrie par quarante ans d'Afrique, n'était-elle pas la première du monde? Le césarisme, sous le masque libéral qu'il s'était donné en janvier 1870, avec le ministère d'Émile Ollivier, paraissait, en dépit des attaques violentes de l'opposition, encore inébranlable. Un plébiscite, par 7 500 000 *oui*, venait de lui consentir un nouveau bail. Enrichie et ne rêvant que richesses, la grande majorité de la population des villes et des campagnes s'en remettait, satisfaite, à la déclaration du maître : « l'Empire, c'est la paix ». Elle chansonnait, elle travaillait. Aux bals des Tuileries, l'Europe, avec des yeux jaloux, venait la voir danser, insouciante, gaie, convaincue de sa force.

Comme elle croyait en elle, elle croyait aux autres. Loin de haïr personne, elle eût plutôt chéri l'univers entier. Avec son rêveur couronné, elle croyait à l'amitié efficace de l'Angleterre, alliée d'hier contre la Russie, aux bonnes dispositions de celle-ci... Est-ce que, malgré Sébastopol, le tsar l'autre année n'était pas notre hôte?... Elle croyait à la sympathie de l'Autriche (comme si on l'eût secourue en 1866 dans sa déroute), à la reconnaissance de Victor-Emmanuel... A qui l'Italie devait-elle son unité, sinon à Napoléon III?

La France croyait au juste principe des nationalités, admettait même dans l'avenir, sans terreur, contre sa frontière, une unité possible de l'Allemagne. Elle croyait aveuglément à tant de choses, qu'elle ne crut pas, longtemps, au seul point noir qui menaçait : à l'orage chaque jour grandissant, du côté de la Prusse.

Cette petite nation féodale, ce dur royaume de Prusse qui en 1792 était venu, pour la défense du principe monarchique, se faire battre par la Révolution à Valmy, et qui, dès 1806, se levait de nouveau contre les armes françaises, avait, depuis l'écrasement d'Iéna, étrangement grandi. Avec une haine tenace, la défaite lui enseignait la volonté de vaincre. Réduite par Napoléon à n'entretenir qu'une armée de 40 000 hommes, la Prusse refondait sa population entière au creuset du service obligatoire, dans sa réserve, sa *landwehr*. En 1813, 180 000 hommes étaient debout; 264 000, en 1815, nous rendaient invasion contre invasion. Leipzig et Waterloo effaçaient Iéna.

Il semblait qu'on fût quitte. Mais l'appétit, en mangeant, était venu. Tandis que sans cesse, à l'insu de l'Europe, se perfectionnait l'outil militaire en Prusse, une politique hardie, mais avisée, rivait dorénavant le cabinet de Berlin à ce but : réaliser à son profit l'unité politique de l'Allemagne.

L'Allemagne, sous le nom de *Confédération germanique* et sous la suprématie de l'Autriche, se divisait en un grand nombre de principautés et d'États, avec une Diète représentative des souverains. Masse flottante, sans cohésion, qu'avait en vain tenté d'amalgamer, en 1848, un parlement national, réuni à Francfort. En 1854, à l'instigation de la Prusse, se concluait, sans l'Autriche, une Union douanière, ou *Zollverein*, qui abattait, entre tant d'intérêts morcelés, bien des barrières. En 1861, le prince-régent Guillaume, qui depuis longtemps gouvernait déjà, règne en titre. En 1862, M. de Bismarck est ministre des Affaires étrangères.

Dès lors, les événements se précipitent. La Prusse est prête. Sa faim augmente, avec le sentiment de sa puissance. Qui manger d'abord? le plus faible, ce petit roi de Danemark qui a le tort de posséder le Holstein, où Berlin convoite la bonne rade de Kiel, et le Slesvig, pays danois, mêlé d'Allemands. Vite, on s'allie à l'Autriche, et de concert, au nom de la Confédération germanique, on fait, en 1864, la *guerre des Duchés*. Le Holstein sera prussien, le Slesvig autrichien.

A qui le tour? L'appétit n'a fait que s'aiguiser, et l'on a bonne envie, maintenant, de dévorer l'Autriche. Gros morceau. Il convient, pour n'être pas dérangé durant l'opération, de s'assurer d'abord quelques sympathies, — l'Italie est là, qui s'accommoderait bien de Venise, — et surtout la plus importante des neutralités... Si Napoléon III consentait à tourner la tête?... Et voilà Bismarck à Biarritz.

Peignons d'un trait ces deux hommes.

L'Empereur, joueur nonchalant, et qui avait été moins l'homme que la chose de son parti, à présent usé de plaisirs, la décrépitude et l'indécision mêmes. Bon jusqu'à la faiblesse, et résolu jusqu'au meurtre. Un singulier mélange, dit Guizot, « de témérité et de patience, de fatalisme et de calcul ». Confiant dans son étoile jusqu'à la suivre au fond du gouffre. En politique, un chaos : « impérial et révolutionnaire, autocrate et socialiste », des goûts de prince et des utopies d'ouvrier, « le respect de la tradition et la passion de l'aventure, le désir de l'ordre et le mépris de l'équité ». Au total, le pire des songe-creux. Une dupe toute prête.

NAPOLÉON III.

L'autre, un colosse, de taille, de force et de ruse. L'air bourru et retors, une fausse jovialité, une bonhomie pesante de cuirassier diplomate. L'esprit le plus vaste et le plus délié, mais une pierre à la place du cœur. Une religion qui volontiers entonnait des hymnes, mais qui se r'jouissait des hécatombes. Génie dur, pratique, âme et visage de proie. La haine de la France et le mépris de l'humanité faits homme. Non grand homme, mais grand Prussien.

Il promit tout, sinon le Rhin français. Lui, n'aurait « aucune difficulté à céder à la France le pays entre Rhin et Moselle... mais le Roi !... » du moins toutes les compensations qu'on voudrait, la Belgique, par exemple, ou le canton de Genève... Et, l'heure de la guerre autrichienne sonnée, Napoléon, hypnotisé, tergiversant, se tint coi.

BISMARCK.

Une armée prussienne, que le moindre rassemblement sur notre frontière eût retenue, entrait en Hanovre, dans la Hesse, en Saxe. Rassuré sur sa base d'opérations, le gros des forces fonçait en Bohême, remportait l'étonnante victoire de Sadowa, marchait sur Vienne. L'Autriche, en moins d'un mois, était à bas. Le traité de Prague dissolvait la Confédération germanique, donnait à la Prusse la haute main sur les États allemands jusqu'au Mein, groupés sous le nom de *Confédération du Nord*, et lui reconnaissait, outre le Holstein contesté, cause de la lutte, le Slesvig, le Hanovre, la Hesse, le duché de Nassau, et Francfort.

Coup de foudre, qui retentit longuement à Paris Qu'on n'allègue même pas, pour justifier notre non-intervention, l'expédition du Mexique et les forces qu'elle absorbait ! Nous n'y avions pas 28 000 soldats. Les esprits clairvoyants, dès lors, envisagèrent la collision future. Napoléon avait eu beau voir accepter sa tardive médiation, recevoir de l'Autriche la Vénétie et la donner en échange aux Italiens. Il était joué, et le vit trop. Quand il réclama quelques compensations, le vainqueur répondit : « Pas un pouce de terre allemande, plutôt la guerre ! »

Elle faillit éclater un an après, en 1867, à propos du grand duché du Luxembourg, naguère province fédérale et dont Napoléon III, pour 90 millions, négociait l'achat à son possesseur, le roi de Hollande. La Prusse avait encore là quelques troupes ; elle intervint. Guillaume prétendait ne pouvoir évacuer « une place dont la garde lui avait été confiée par l'Europe ». Il défendrait ses droits jusqu'au dernier soldat. Querelle d'Allemand. La guerre semblait inévitable. En France, rien debout : ni forteresses, ni armée. En Prusse, chaque homme soldat, et des traités d'alliance offensive et défensive avec les États du Sud, Bavière, Wurtemberg et Bade. « Aujourd'hui, disait le chef de l'état-major prussien, de Moltke, nous avons cinquante chances pour nous, d'ici un an nous n'en aurons plus que vingt-cinq. » Les puissances, heureusement, intervenaient : la conférence de Londres neutralisa le Luxembourg, qui restait à la Hollande, sous la garantie des signataires ; la Prusse devait retirer ses troupes ; la forteresse serait démantelée.

Alerte terrible, dont Paris se remit très vite.

Pourtant voici quelle était chez nous la situation, si bien connue par de Moltke, si complètement ignorée par le pays :

Un effectif de guerre de moins de 400 000 hommes, composé : 1° pour les deux tiers, d'un fonds de soldats de métier ; 2° d'un certain contingent d'appelés pour un service de sept ans : contingent fixé par la Chambre, variable chaque année et qui se divisait en deux portions, l'une incorporée et plus ou moins nombreuse selon les ressources du budget, l'autre en réserve; 3° de remplaçants administratifs; les appelés pouvaient s'exonérer, en effet, avec une certaine somme qui servait aux primes de rengagement. Or, les rengagés se faisant rares, l'État, marchand d'hommes, tenait agence de remplacement.

D'où ce triple vice : insuffisance d'effectif permanent; réserves dérisoires en instruction et en nombre; médiocre qualité des remplaçants, trop vieux souvent.

En outre, rien que des éléments épars. Car ni brigades, ni divisions, ni corps d'armée n'étaient constitués, mais les régiments distribués au petit bonheur des garnisons, en neuf commandements territoriaux. Tout donc à organiser, au moment d'une guerre.

Napoléon sentit la nécessité de réformes urgentes. Le maréchal Niel, pénétré de la guerre prochaine, se mit énergiquement au travail. La loi de 1868, en supprimant l'exonération et en rétablissant le remplacement direct, portait le service à neuf ans, cinq dans l'active, quatre dans la réserve, maintenait les deux portions du contingent annuel, mais fixait pour la seconde cinq mois de service.

D'où, sur le papier, une active de 400000 hommes, et une réserve d'autant, lorsqu'au bout de leurs cinq ans, les premières portions seraient venues renforcer les secondes. La grosse innovation était la création d'une garde mobile : 400000 hommes encore (exemptés et remplacés), à cinq ans de service et quinze exercices d'un jour par an.

A l'organisation même, à la répartition des troupes, rien de changé. Améliorations bien timides, on le voit. On ne saurait croire cependant quelles résistances y fit l'opposition, tant les illusions étaient fortes.

Thiers préférait l'ancien système, traitait de fable et de

fantasmagorie le péril des gros effectifs allemands : il serait toujours temps d'organiser, en cas de besoin, la garde mobile ! La conscience de Jules Favre protestait contre l'idée que la France dût être « embrigadée, cuirassée, armée comme ses voisins ». Jules Simon espérait qu'on lui rendrait toujours cette justice qu'il s'était mis en travers d'une paix armée. Eugène Pelletan comprenait à la rigueur « les pompiers armés en cas d'invasion », mais une invasion était-elle possible ?

Niel s'efforçait néanmoins, substituait le chassepot à l'ancien fusil se chargeant par la bouche. Il créait des batteries nouvelles, faisait mettre sur roues les canons soigneusement rangés à part dans les magasins, donnait des pièces rayées à quelques places de l'Est. Il préparait, jusque dans les plus petits ordres de service, la formation de trois armées éventuelles. Il mourut à l'œuvre, en 1869.

Sa grande création, la garde mobile, ne lui survivait guère. Le public en critiquait les réunions rares et grotesques; le Gouvernement redoutait d'armer une révoltée possible. Les autres réformes furent aussi tenues pour accomplies. Et tout fut bien, le maréchal Lebœuf, successeur de Niel, n'ayant souci de rien, que de plaire.

C'était un bel homme, intelligent, aussi brave soldat que courtisan achevé. Il est tout entier dans cette anecdote : En Crimée, colonel, il entend un jour le maréchal de Saint-Arnaud demander à un capitaine d'artillerie si rien ne lui manque. L'autre est franc, avoue que telle, telle chose font défaut. Dès que Saint-Arnaud s'éloigne, Lebœuf se précipite : « Ah ! vous vous permettez de vous plaindre à un maréchal ?... Apprenez que l'on doit toujours dire à son supérieur que tout est parfait. »

Ministre, pour flatter la Chambre que toute dépense

militaire irrite, il accepte la réduction du contingent annuel à 90000 hommes. Il ne croit pas à la guerre. Créer des nouvelles batteries montées? A quoi bon? « Il y a toujours trop de canons! » Partie des chevaux de l'artillerie étaient versés à la culture, les congés multipliés, l'utile commission des chemins de fer, instituée par Niel, jamais réunie. Au commencement de juillet, il faisait démonter, des remparts de l'Est, et rentrer en magasin les affûts des pièces de sûreté : ils s'abîmaient à l'air!

LEBOEUF.

Cette quiétude profonde, cette léthargie du ministre de la guerre, du pays entier, à la veille du bouleversement, déconcerte. Le 30 juin, Émile Ollivier déclare à la tribune : « A aucune époque, le maintien de la paix en Europe n'a paru plus assuré. » Silence tragique avant l'orage.

Pourtant sa menace couvrait l'horizon, on la voyait, on la signalait de toutes parts. C'est Ducrot, gouverneur de Strasbourg, qui depuis trois ans avertit, en pure perte. « Il voit des Prussiens jusque dans son verre! » raillait-on à la table impériale. C'est l'ambassadeur Benedetti, c'est l'attaché militaire à Berlin, colonel Stoffel, dénonçant la guerre inévitable, à la merci d'un incident, et la formidable organisation prussienne. C'est le ministre même de la maison du roi, Schleinitz, disant à la comtesse de Pourtalès en voyage, — une familière des Tuileries : — « Chère comtesse, avant dix-huit mois, votre belle Alsace aura fait retour à la patrie allemande. »

C'est que Bismarck pense le moment venu de couronner son édifice. Il y a des tiraillements avec les États du Sud.

Seule une guerre heureuse contre la France peut brusquer le dénouement, cimenter enfin, dans le dur ciment du sang, l'unité allemande. Aussi, cette odieuse France, capable de s'opposer au grandiose projet, comme il en sait jouer, comme il la peint ambitieuse, tournée vers le Rhin : — déjà même elle entre en Bavière !... Et tous les cœurs allemands se soulèvent, contre l'ennemi héréditaire, l'*Erbfeind*.

Il ne faut plus qu'une étincelle pour incendier les poudres. Elle jaillit de l'imprévu.

L'Espagne est à la recherche d'un prince à qui offrir sa couronne ; elle déniche un Hohenzollern, qui accepte, avec l'agrément du chef de famille, Guillaume.

ÉMILE OLLIVIER.

Grosse émotion à Paris. Eh ! quoi ! la Prusse aux Pyrénées !... Le ministère ne peut supporter ce cauchemar. L'opinion prend feu ; la Chambre interpelle. A Saint-Cloud, l'idée d'une guerre qu'on ne suppose que victorieuse, séduit. Cléricale et absolue, l'Impératrice y voit le raffermissement du pouvoir que le libéralisme sape, sa dynastie fondée. Au ministère des Affaires étrangères, le duc de Gramont ne se contient pas. A la présidence du conseil, Émile Ollivier, esprit et cœur légers, ne serait pas fâché peut-être de joindre aux lauriers du plébiscite ceux de la conquête du Rhin... Et dès le 6 juillet, coupant toute retraite, la voix de Gramont lance bien haut, à la tribune, les mots voulus par l'Empereur. Plutôt que supporter un prince allemand sur le trône de Charles-Quint, « forts de votre appui, messieurs, et de celui de la nation, nous saurions remplir notre devoir, sans hésitation ni faiblesse.... »

C'était s'engager bien à fond.

Par miracle, Léopold de Hohenzollern se désiste; Guillaume y consent. L'ambassadeur d'Espagne apporte avec bonheur à M. de Gramont la renonciation. Tout semble terminé. L'empereur même se refroidit. « La guerre deviendrait maintenant, dit-il, une absurdité sans nécessité »... « C'est la paix! » annonce joyeusement, dans les couloirs, Ollivier revenu au sens des choses. Mais les députés de la droite, mais la presse ont enfourché leur cheval de bataille. Ils n'en descendent plus. Gramont est le plus ardent. De lui-même il demande au baron de Werther, chargé d'affaires prussien, une promesse écrite de Guillaume, un engagement d'empêcher toute candidature possible. L'Empereur se renflamme. Ordre à Benedetti de réclamer l'outrageante garantie.

Un vertige emportait ces hommes sur qui pèse l'éternel reproche : cet incohérent Gramont, Ollivier suivant malgré lui, l'Empereur surtout, âme flottante, qu'une autre âme, l'Impératrice, faisait mouvoir.

Guillaume est aux eaux d'Ems. Benedetti, par trois fois, l'approche, s'entend confirmer la renonciation pure et simple. Le Roi refuse d'engager l'avenir, considère la question comme réglée. Benedetti, talonné par Gramont, demande une nouvelle audience que Guillaume cette fois décline ; il n'a plus rien à dire. Mais avant son départ pour Coblentz, le lendemain 14, il reçoit encore Benedetti, lui répète, en lui tendant la main, qu'il n'a plus rien à lui communiquer; aux ministères à poursuivre leurs négociations.

On le voit : ni insulteur, ni insulté. En dépit de notre insigne imprudence, tout allait se calmer, tomber à l'eau.

Bismarck entre en scène.

C'est le soir du 13 juillet. Il est à table avec Roon, ministre de la guerre, et de Moltke. Arrivent les anodines nouvelles d'Ems. Bismarck en donne lecture : ensemble Roon et de Moltke laissent tomber couteau et fourchette, reculent leur chaise, profondément abattus. « L'affaire se perd dans les sables. » L'occasion, tant attendue, échappe... Un moment !... Bismarck relit, remarque la fin de la dépêche, qui l'autorise à communiquer aux représentants de la Prusse en Allemagne et à la presse la démarche de Benedetti et son rejet. Alors, s'adressant à de Moltke : — « L'instrument de guerre est-il réellement assez bon ? » — On n'en a jamais eu de meilleur : il faut saisir cette heure ! s'écrie Moltke, et appuie Roon. — « Eh bien, alors, mangez tranquilles ! »

DE MOLTKE.

Et sur une petite table voisine, Bismarck, en quelques coups de crayon, travestit la dépêche : l'Allemagne, le monde sauront demain que l'ambassadeur de France a été éconduit, de façon formelle et définitive... Lecture redonnée par le faussaire, Moltke et Roon s'écrient : — « Magnifique ! cela va produire son effet ! »... « Tout à l'heure, c'était une chamade, maintenant c'est une fanfare ! » Et les soixante-dix ans de Moltke se redressent. Il est redevenu jeune et frais. Là-dessus tous trois se remirent à table, du meilleur appétit.

DE ROON.

Ils avaient leur guerre !

La France bondit sous le soufflet, auquel on lui avait

fait tendre la joue. Le 15 juillet, les dés étaient jetés. « Nous sommes prêts, archiprêts, jura Lebœuf; si la guerre durait un an, nous n'aurions pas un bouton de guêtre à acheter. » Comme s'il n'avait pas donné tête basse dans le panneau, le ministère, devant la Chambre, osa déclarer avoir « fait tout ce qui était humainement possible » pour éviter la lutte, et en accepter « la responsabilité, le cœur léger ». En vain Thiers, aux cris du patriotisme indigné, opposa son éloquence, les plus prophétiques supplications. En vain intervenait Gambetta : la résolution était prise, l'irréparable voté.

Le même jour, on entendait dire au président du conseil des ministres, M. Émile Ollivier, dans le vestiaire du Sénat : « Messieurs, ce sera une promenade militaire. »

CHAPITRE II

Ordre de bataille et mobilisation des deux armées. Sarrebrück (2 août).

Le 18 juillet, à Berlin, notre ambassade dénonce officiellement l'état de guerre. *E finita la commedia !* Nous avons endossé devant l'Europe le vilain rôle de provocateur. La tragédie commence.

Cependant Paris délire. Les boulevards ne sont que cohues enthousiastes, cris d'A Berlin ! rêves fébriles de victoire ; les cafés-concerts retentissent de pas redoublés, de marches militaires. Le public, dans l'un, réclama trente-deux fois de suite la *Marseillaise*. Tous les journaux battaient la campagne. Aux gares de départ, une foule enivrée se mêlait, braillarde, aux soldats ivres.

La Province fut plus calme : 18 départements seulement témoignaient de la joie. 53, disent les dépêches des préfets, se déclarent, plus ou moins, mais nettement, en faveur de la paix ; le reste se consulte. Le pays, somme toute, accepte, étonné, la guerre. Mais tout est prêt, on le lui a dit. Il a donc confiance : confiance dans les fameuses réformes tambourinées par l'Empereur même ; confiance dans la vieille valeur française.

Et voilà que soudain, — en quinze jours, pas même le temps de la mobilisation, — tout s'effondre.

D'abord, on a compté sur des alliances. On est seul. L'Angleterre, qui au début offre sans chaleur de s'entremettre, blâme maintenant notre attitude emportée, orgueilleuse, et s'indigne en apprenant nos visées de 1866 sur la Belgique (naguère excitées, aujourd'hui divulguées, insidieusement, par Bismarck). La Russie est prussophile. En dépit de ses récentes amabilités pour le général Fleury, le tsar Alexandre II, neveu de Guillaume, en apprenant à table la nouvelle de Wœrth, vida une grande lampée, saisi d'une si violente joie qu'il lança son verre au plafond, le brisa, à l'antique coutume allemande. L'Autriche? Oui, il y a bien des conventions anciennes, même un plan d'opérations. Mais elle est surprise, elle demande du répit. Pourtant, au commencement d'août, peut-être un traité va-t-il être signé, de concert avec l'Italie. Mais voilà, celle-ci en échange voudrait Rome, qui est à Pie IX. Et Napoléon hésite; car l'Impératrice, au bord du gouffre, ne transige pas : plutôt Rome au Pape que des alliés à la France !... Éclatent Wissembourg, Forbach, Wœrth. Victor-Emmanuel sort du théâtre, rentre au palais Pitti, tombe sur un fauteuil : « Ah ! pauvre empereur !... Mais, fichtre ! je l'ai échappé belle ! »

Nécessité de se débattre comme on peut.

Au ministère, c'est l'effarement d'une ruche affolée. Dès le 14 juillet, l'ordre de rappel de la réserve et des deuxièmes portions a été lancé. Depuis, c'est un déluge de prescriptions, un tourbillon d'ordres et de contre-ordres. Ces étroites pièces de la rue Saint-Dominique, ces bureaux bourdonnants, c'est le centre de l'armée, le cœur jaloux où tout converge, d'où tout part, jusqu'au plus infime détail de service. Machine énorme et vieillotte, réglant dans leur infinie complexité les moindres rouages, absorbant, supprimant au loin toute initiative. Engorgement, détraquement soudains. Plaintes, questions, réclamations, éclaircissements s'amassent, s'enchevêtrent, dans un inexprimable désarroi. Tout à débrouiller, pis : tout à créer, à la minute.

Va-t-on utiliser les trois armées d'Alsace, de Lorraine et de réserve, prévues par Niel, aux ordres de Mac-Mahon, Bazaine, Canrobert ? Il n'y aurait qu'à libeller les ordres de service... C'est trop simple ! Et puis ni l'Empereur, ni Lebœuf n'auraient de commandement... Et l'on refond tout l'immense travail. Il n'y aura qu'une seule armée, dite du Rhin, composée de la Garde, des réserves de cavalerie et d'artillerie, et de 7 corps d'armée, chacun à 3 divisions d'infanterie et une de cavalerie ; l'Empereur généralissime, Lebœuf major général... Cette fois, tout est dit ? Non, les maréchaux ne seraient pas contents ; il convient de leur donner des corps d'armée à 4 divisions et une division de cavalerie de 3 brigades ! Il faut tout remanier.

D'ailleurs, les états remplis, rien n'est fait. Comme à la veille de la guerre de Crimée, ou d'Italie, — pourtant que de mécomptes alors, leçons perdues ! — les régiments, dispersés aux quatre coins de la France, vont s'encadrer tant bien que mal, au hasard de formations improvisées, hétérogènes. L'important est de les jeter bien vite, tels quels, à la frontière. Ils se grouperont ensuite. Tels quels ? Non pas. Chaque régiment d'infanterie, à la dernière seconde, doit constituer trois bataillons actifs à 6 compagnies, plus un bataillon à 4 et un dépôt de 2 compagnies ; chaque régiment de cavalerie, 4 escadrons... Attendent-ils même de recevoir leurs réserves ? Impossible.

Tel est alors l'absurde système en vigueur qu'il se passera souvent des semaines avant qu'un réserviste rallie. Beaucoup, au lieu des troupes impériales, ne trouveront plus à leur arrivée que celles de Gambetta. Tel homme, habitant Perpignan, doit en effet aller se faire équiper au dépôt de son ancien régiment, à Dunkerque, par exemple, et rejoindre à Lyon les bataillons actifs, qui déjà peut-être n'y sont plus. Les réservistes du 2e zouaves qui résidaient dans le nord eurent à gagner Marseille, puis Oran, de nouveau Marseille et enfin l'Alsace : 2000 kilomètres, et deux traversées de trois jours. Les voies ferrées, encombrées des transports tumultueux de l'active, étaient sillonnées en tous sens de ces détachements de réserve, lâchés à eux-mêmes, avinés souvent. Et, pour comble, l'inextricable croisement des denrées, des munitions, du matériel de toute sorte.

Quels sont cependant l'organisation, l'état moral de cette foule, officiers et soldats, sur qui les destinées du pays reposent ?

Le chef suprême, l'Empereur, est le dernier qu'on songerait à voir là. Entre l'armée et lui, nul lien. D'affection, de confiance, de prestige, pas l'ombre. Et puis une maladie cruelle le ronge, l'annihile. Il est impotent et impuissant.

Les maréchaux ? Sans doute ils sont le courage en personne. Bons sous-ordres, faits pour briller au second rang. Mais leur carrière d'honneurs militaires est close, et les voilà des politiques.

Les généraux ? On sait qu'il y en eut trop peu d'admirables, pas assez de bons, beaucoup trop de mauvais. La plupart n'étaient que des colonels de telle ou telle arme, nullement familiarisés avec leurs fonctions. A la tête, non au cœur des troupes qu'ils ignoraient, et qui les ignoraient. Braves, mais tâtillons, bornés au détail, à la lettre. Aucune instruction d'ensemble, l'horreur des responsabilités, un goût excessif de leurs aises. L'héroïque Lapasset, peu suspect, constate chez un grand nombre cette maladie, baptisée par les Arabes : « avoir le ventre trop plein ». Les Allemands trouvèrent dans certains bagages, à Wœrth, des choses étranges : vaisselle de porcelaine à profusion, des jupons, des robes de femme, des fourrures, un ciel de lit à rideaux blancs!

Venons à l'état-major, courroie obligée de transmission. S'il offrait quelques officiers éminents, presque tous justifièrent les sanglants reproches dont bientôt on les accabla. Tandis que l'état-major prussien, par son application constante, sa forte et savante méthode, aidait au plus incroyable enchaînement de victoires, le nôtre, confiné dans des habitudes stériles de bureau, ou limité à la besogne soit paperassière, soit domestique, des aides de camp, ne savait rien, le jour venu. Combien pouvaient lire une carte, parler allemand, galoper quelques lieues, établir un camp, diriger une manœuvre? On les comptait.

Les officiers de toutes armes, supérieurs et subalternes, présentent au contraire, qu'ils soient vieillis à l'ancienneté, ou « débrouillards » favorisés au choix, un bel ensemble, aux qualités de résistance et d'entrain. Certes, ils en sont restés à leurs notions d'école, les ont même souvent oubliées; ils sont imperturbables sur les règlements, vous en réciteront jusqu'aux fautes d'impression; de l'histoire, de la géographie, Rhin, Meuse, ou Moselle, ils font volontiers une salade. N'importe, ils ont gardé le contact de la troupe, partagent, entraînent son élan.

Quant au soldat, vieux troupier ou recrue vite endurcie, héroïque un jour, sans ressort demain, aussitôt rebondissant, — c'est toujours, bien commandé, le premier soldat du monde. Il le prouvera splendidement, dans les pires défaites.

Une infanterie vaillante, bien armée, mais écrasée par le sac, et à qui l'on n'a appris ni à marcher, ni à se garder. Une élégante, une intrépide cavalerie, qui se fera tuer glorieusement, inutilement, en masse, sans avoir rempli une fois sa véritable mission. Une artillerie bien exercée, admirable au feu, mais trop peu nombreuse, et dont les obus tombent à 500 mètres du but; il y a bien les mitrailleuses! mais elles ne valent qu'à plus courte portée encore. Une intendance qui, devant pourvoir à tout : contrôle, administration des corps et services, alimentation, habillement, équipement, service de santé, convois, ne suffit à rien; indépendante des généraux et en retour tenue par eux à l'écart; la confusion organisée. Enfin un personnel médical d'une pénurie telle, que sans les ambulances civiles, internationales, prussiennes, être blessé c'eût été comme être mort.

Résumons tout en ce mot, où tous les désastres sont en germe : Absence totale de préparation à la guerre, à ses devoirs.

Ce monde-là ne se sent pas assez les coudes. L'armée de Napoléon III n'est pas, comme une armée allemande, l'image complète du pays, la nation debout. Trop de remplaçants, de déshérités de la fortune et de l'esprit. On se bat pour se battre, non pour la *patrie*. D'où, si vite, tant de traînards, de maraudeurs, d'armes jetées.

Vers les derniers jours de juillet, ce flot d'hommes, de chevaux, de voitures, de canons, coulant pêle-mêle vers l'Est, finissait pourtant par se diviser, stagner en nappes distinctes. On avait pensé rassembler 550000 hommes; on en avait au plus 250000.

Ils se répartissaient ainsi : 1er corps, Mac-Mahon, à Strasbourg, troupes de l'Afrique et de l'Est; 2e Frossard, à Saint-Avold, troupes du camp de Châlons; 3e Bazaine, à Metz, armée de Paris et division de Metz; 4e Ladmirault, à Thionville, régiments du Nord; 5e Failly, à Bitche et Phalsbourg, divisions de l'armée de Lyon; 6e Canrobert, à Châlons, régiments de l'Ouest et du Centre; 7e Douai, à Belfort, régiments du Sud-Est; la Garde,

Bourbaki, à Nancy, avec la réserve d'artillerie. Celle de la cavalerie à Lunéville.

Vaste organisme invertébré.

Regardons maintenant de l'autre côté du Rhin.

A peine la fausse dépêche d'Ems est-elle connue, un irrésistible mouvement parcourt, lève l'Allemagne, comme un seul homme. Autour de la Prusse déjà formidable, viennent se ranger, d'un bond, ces États du Sud dont on avait espéré la scission. Bavière, Wurtemberg, Bade, sont Prusse. Plutôt, tout n'est qu'Allemagne. On se serre, on fait front, contre l'offenseur.

Instantanément, voilà que l'appareil sous pression, le merveilleux automate militaire se déclenche. Du haut en bas de l'engrenage, jour par jour, heure par heure, la mobilisation, la concentration, tout est combiné, tout se déroule, sans heurt, normalement. Lieux d'embarquement, minutes du départ, durées des voyages, stations de repos, points de débarquement, cantonnements délimités par corps d'armée et divisions, magasins établis : rien ne cloche.

C'est que de longtemps cette armée est prête, Hessois, Mecklembourgeois, Allemands du Sud, tous dressés à la prussienne, n'attendant que le signal. 518 000 hommes, en première ligne, viennent se masser sur la rive gauche du Rhin, vers Mayence. On peut prendre de là l'offensive dans n'importe quelle direction, protéger le Sud. 340 000 hommes encore sont en seconde ligne; et, derrière, la landwehr, réservoir de 400 000 hommes.

Au sommet, un vieillard, mais chef éprouvé, capable, respecté : Guillaume, qui toute sa vie s'est occupé des choses militaires. Des généraux d'armée qui ont fait leurs preuves en 1866 : le vieux, fougueux Steinmetz; le dur « Prince Rouge », Frédéric-Charles ; et le Prince Royal,

« Notre Fritz ». Un ministre de la guerre qui depuis douze ans est à la tâche, infatigable, Roon. Un chef d'état-major, depuis treize ans en place, tradition vivante, âme incarnée d'un demi-siècle de persistant labeur, Moltke, Danois devenu Prussien, visage glabre et ridé de Parque, aux yeux glacés, aux lèvres minces. A sa méthode rigoureuse, poussée à l'extrême, toute dans « la préparation des moyens et l'énergie des résolutions » est façonné l'état-major entier.

GUILLAUME Ier.

Un corps d'officiers instruits, ayant le culte hautain de leurs fonctions. Un corps de sous-officiers à toute épreuve. Une infanterie solide, dont le fusil est inférieur au chassepot, mais qu'elle manie mieux. Une cavalerie rompue à son métier. Une artillerie dont les canons valent deux fois les nôtres, en nombre et en portée. Des services administratifs incomparables.

En première ligne, donc, trois armées : Ire général von Steinmetz : VIIe, VIIIe corps et 3 divisions de cavalerie ; — IIe Frédéric-Charles : Garde, IIIe, IVe, X^e corps, et 2 divisions de cavalerie ; ces deux armées descendent vers la Sarre, puis Metz, la Ire par Trèves et Sarrelouis ; la IIe par Mayence ; — IIIe Prince Royal : V^e, XIe corps, Ier et IIe Bavarois, divisions wurtembergeoise et badoise, une division de cavalerie ; cette armée se groupe à Landau, contre l'Alsace. Et mécaniquement, tout manœuvre et s'agglomère, prêt à se détendre, d'un élan.

Des Français, on sait peu de chose. On ne redoute que ceci : une offensive brusque qui troublerait, au début.

Vaine crainte.

Autour de leurs points de concentration, nos corps d'armée s'amalgament, en plein gâchis. Le général Michel télégraphie, de Belfort, au ministère : « Pas trouvé ma brigade. Pas trouvé général de division. Que dois-je faire ? Sais pas où sont mes régiments. » Et le ministère télégraphie au général Douay : « Où en êtes-vous de votre formation ? Où sont vos divisions ? » Dépêche adressée à Belfort, et qui revient à Paris chercher le destinataire !

Et tout manquait : argent dans les caisses, distributions de vivres, ustensiles de campement, attelages. Les magasins sont à sec où il les faudrait pleins, regorgent où on n'en a que faire. Cependant les trains s'amoncelaient à Metz. On ne savait où expédier les denrées. Des milliers de wagons restaient chargés. On retrouva là, après Saint-Privat, 3 millions de cartouches. Les récriminations de toutes parts tempêtent. Déjà l'indiscipline. Une masse flottante d'isolés encombre les gares, on voit à Châlons des zouaves danser, ivres, sur des toits de wagons.

Le 28 juillet au soir, l'Empereur, ayant institué à Paris l'Impératrice Régente, rejoint Lebœuf à Metz. Une terne proclamation trahit son inquiétude. Que faire ? Ils ne savent pas, semblent sortir d'un rêve... On ne peut donc pas aller de l'avant ? Va-t-on pouvoir même se défendre ?... La réalité, révélée tout à coup, est trop forte, accable : la plupart des places insuffisamment armées, sans matériel, ni provisions ; pas un soldat à Thionville, Neufbrisach, Schlestadt ; Strasbourg, Toul, Verdun, Belfort sont sans ouvrages autres que leurs anciens remparts, bons sous Louis XIV ; les forts de Metz ébauchés seulement.

Et l'on tient conseil, on balance, anxieux. Faute de meilleurs, on donne des ordres comme ceux-ci : verser les couvertures, les shakos ; à la Garde, verser, ne pas verser, verser, ne pas verser les bonnets d'ourson !... Ou bien Lebœuf prescrit, gravement, à cinq commandants de corps d'armée : « Que votre cavalerie ne craigne pas de s'avancer au delà de la frontière, en prenant les précautions et mesures de prudence nécessaires pour ne pas se compromettre... » De l'Empereur taciturne au major général déconfit, l'aide-major Lebrun voltige, tandis que l'autre aide-major, Jarras, préside minutieusement aux registres. Le quartier général est installé à l'*Hôtel de l'Europe*, portes battantes, dans une promiscuité sans nom. Étrangers, journalistes, entre qui veut; c'est une foire.

Envolés, les plans de campagne, à supposer qu'on en eût fait. Il y a beau temps que le projet de diversion sur les côtes danoises est tombé à la mer... Franchir le Rhin, séparer l'Allemagne du Nord de celle du Sud ?... c'était bon du temps de Napoléon Ier, de l'autre ! Tandis que la presse divague, affirme que « tout s'est accompli, sous l'intelligente impulsion du maréchal Lebœuf, avec une sorte de régularité foudroyante, avec un ordre singulier dans l'impétuosité, » tandis que la France, impatiente, attend, on s'hypnotise en haut lieu, sur le revers imprévu. Beaucoup ont perdu courage. « Nous sommes f...! » s'écrie sur la place de la Préfecture un aide de camp de Bazaine.

Mais le temps passe. On ne peut éternellement, comme des douaniers, monter la garde le long des poteaux-frontière. Il faut pourtant faire quelque chose. Si l'on prenait Sarrebrück ?

C'est à portée de la main, et il n'y a là, en fait d'ennemis, qu'un bataillon et trois escadrons. Dès le 30, on décide que trois corps d'armée prendront part à l'opération ; le troisième et le quatrième appuieront le

2

deuxième. Bazaine est chargé en chef de l'opération, que dirigera Frossard. Et le 2 août, à l'aube, solennellement, plus du tiers de nos forces se met en marche ! Bazaine ? Introuvable. Il surveille une diversion, loin, sur la gauche, car on dit qu'il y a beaucoup d'Allemands du côté de Sarrelouis. Et puis il déteste l'ancien précepteur du Prince Impérial. Puisque c'est le deuxième corps qui donne, eh bien ! que Frossard, seul, commande...

Toute la division Bataille, et moitié des divisions Laveaucoupet et Vergé se déploient, chassent devant elles les rares casques à pointe. Des hauteurs, dûment, on canonne la ville. Et, satisfaits, on campe là, sans s'emparer des ponts, du télégraphe, des voies ferrées, sans même de vedettes pour garder Sarrebrück et ses débouchés.

La perte de 7 officiers et 78 hommes payait trop cher ce néant.

Il est vrai que l'*Officiel*, le lendemain, pouvait annoncer, au pays tressaillant d'espoir, qu'on avait « pris l'offensive, franchi la frontière, envahi le territoire de la Prusse ». L'Empereur, par les chemins déjà jonchés de sacs et de cartouches, est venu sur le champ de bataille. Le Prince Impérial, à cheval à côté de lui, a reçu « le baptême du feu ».

Et l'on mande encore à Paris que « Loulou » a « ramassé une balle tombée tout près de lui, et que des soldats pleuraient, en le voyant si calme ».

CHAPITRE III

Wissembourg (4 août), Wœrth (6 août). — Retraite des 1er, 5e et 7e corps.

Tandis que s'accomplissait la parade de Sarrebrück, Guillaume quittait Berlin parmi les acclamations. Dès le premier jour les appels du pieux vieillard militaire « Au peuple Allemand, A mon peuple » avaient respiré la confiance en Dieu, l'enthousiasme d'une juste cause, présagé « dans la semence du sang, la moisson bénie de la liberté et de l'unité allemandes ». Le 2 août, il proclamait à Mayence sa prise de commandement, pour cette lutte « que jadis avaient également soutenue nos pères ». Il rétablissait l'ordre guerrier de la Croix de fer, renouait ainsi 1870 à 1813.

En même temps Moltke, ayant achevé de s'organiser à loisir, prescrivait à ses armées cette offensive qu'il avait un instant redoutée, bien à tort, de gens devenus si inoffensifs. L'idée fatale qui chez nous domine alors, née d'une routine, et confirmée par le sentiment grandissant de notre infériorité, c'est en effet celle de l'avantage « des bonnes positions ». Marcher de l'avant ? Les petits-fils des vainqueurs d'Ulm ne s'en soucient plus. « De bonnes positions » : tout est là. La bravoure du troupier fera le reste !... Elle eut beau faire merveille : Héroïsme du soldat, indécision, entêtement irrémédiables des grands chefs, c'est toute l'histoire des sanglantes défaites de Wissembourg et de Wœrth.

Le 4 août, donc, les armées allemandes s'ébranlent,

viennent à cet adversaire qui ne peut pas aller à elles. La plus rapprochée de la frontière est la IIIe, Prince Royal; ses avant-gardes, la veille, n'étaient plus qu'à 1 400 mètres. Un temps de trot, et les têtes de colonne déboucheront; 170 000 hommes fondent sur l'Alsace.

Pour la défendre, couvrir Strasbourg, Mac-Mahon (1er corps) a depuis quelques jours sous ses ordres Félix Douay (7e), qui, sur trois divisions, ne lui peut envoyer, de Colmar, que Conseil-Dumesnil; Dumont est encore à Lyon, Liébert garde Belfort et Mulhouse. N'importe, le duc de Magenta est tranquille. Il séjourne à Strasbourg et compte, avec ses cinq divisions, défendre, quand il le faudra, la ligne de la Lauter. Raoult, Lartigue campent par là, et, plus en avant, Ducrot qui, connaissant le pays, est chargé d'indiquer à la 4e division (Abel Douay) des bivouacs propices autour de Wissembourg, bon à garder à cause des approvisionnements. Du reste, Ducrot ne croit pas que « l'ennemi soit en forces dans nos environs », puisse « entreprendre immédiatement quelque chose de sérieux ».

Ainsi, pour s'opposer au premier et formidable choc, les 6 600 hommes d'Abel Douay seulement, jetés en flèche.

Par ce bleu matin d'août, ses troupes en pleine sécurité se réveillent, vaquent aux corvées, font la soupe. Il est bien parvenu une dépêche de Mac-Mahon, qui, averti par le quartier impérial d'une attaque imminente, conseille d'être sur ses gardes. Mais une importante reconnaissance — poussée à la mode ordinaire, en processionnelle colonne par quatre sur une route — vient de rentrer. Elle n'a rien vu. L'attaque n'est pas pour aujourd'hui.

Soudain, à huit heures, des hauteurs qui dominent Wissembourg, le canon tonne. Des forêts qui l'enveloppent les profondes colonnes ennemies surgissent.

A la gare, le général Pellé et ses tirailleurs, grands diables basanés et frénétiques, en ville un bataillon sautent aux fusils, résistent, cinq heures durant. Mais, Abel Douay tombe mortellement frappé, sur le Geisberg; le XIe et le Ve corps prussiens, le IIe bavarois se déploient. Si Mac-Mahon — il n'est qu'à une heure de chemin de

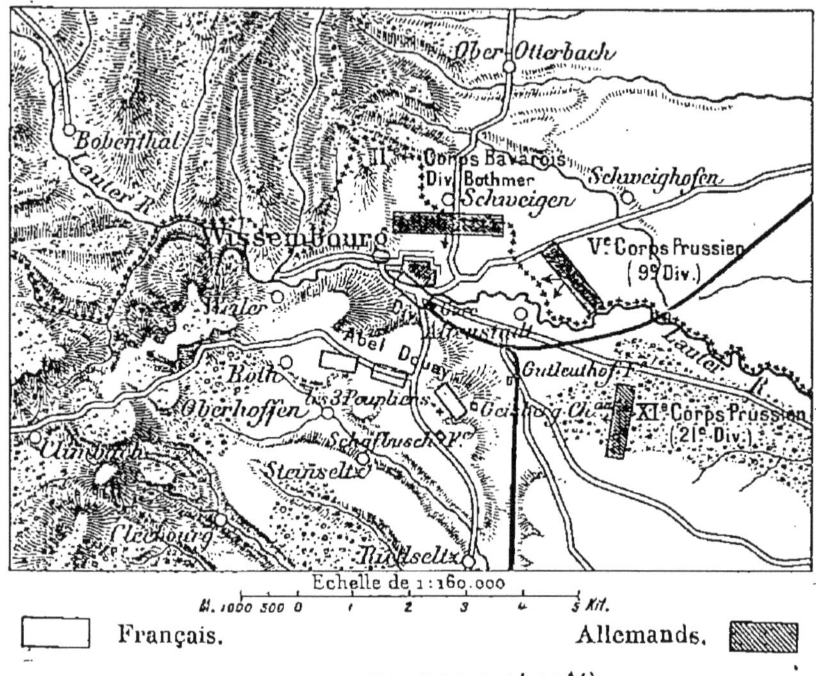

COMBAT DE WISSEMBOURG (4 août).

fer — si Ducrot — il n'est qu'à 13 kilomètres — avaient dû arriver à la rescousse, ils seraient là. Pellé se résigne à la retraite; le bataillon de Wissembourg est pris. Tout converge alors contre le Geisberg, où s'est massé le reste de la division. Retranchés dans un vieux château, quelques fantassins s'y cramponnent. Là se brise le régiment de grenadiers du Roi ; son drapeau est cinq fois abattu, relevé. Mais enfin nos héros, sous le nombre, succombent...

La division Abel Douay était abîmée, dispersée ; le corps même de son général, faute d'une ambulance, d'un seul cacolet, restait au vainqueur. En vain laissait-elle, couchés avec ses propres morts sur les pentes du Geisberg ou dans les rues de Wissembourg, 91 officiers, 1460 soldats ennemis. Le canon du premier revers ébranlait douloureusement la France, désaveuglée du coup, tandis qu'à l'écho de sa première victoire, l'Allemagne entière palpitait d'espérance.

ABEL DOUAY.

Mac-Mahon, dès lors, juge bon de se concentrer. Le 7e corps (de Failly) étant mis, le 5 août, à ses ordres, il est rassuré, il s'écrie : « Messieurs les Prussiens, je vous tiens ! » Il les attendra sur les bonnes positions de Frœschwiller, le long du Sauerbach. Cela vaut mieux, pense-t-il, que de s'établir aux passages imprenables des Vosges. Cependant, cette bataille qui doit sauver l'Alsace, il ne la prévoit pas avant le 7. Il a tout le temps de masser son monde...

Mais Failly, tiraillé par les avertissements du quartier impérial, redoute d'être lui-même assailli sur son front. Une de ses divisions est encore entre Sarreguemines et Rohrbach ; l'autre est nécessaire à Bitche, il ne peut disposer que de la division Guyot de Lespart. Mac-Mahon prescrit, le matin du 6, qu'elle se mette en route, pour le rejoindre. Au lendemain la bataille...

Elle éclatait le jour même.

Les forces de Mac-Mahon, bordant les hauteurs, de Neehviller à Morsbronn, sont ainsi réparties : Ducrot à gauche, sur les pentes de Frœschwiller : au centre, sur celles d'Elsasshausen, face à Wœrth, Raoult, et, en seconde ligne, les restes de la division Pellé, les cuirassiers de réserve de Bonnemains; à droite, Lartigue, entre le Niederwald et Morsbronn. Derrière Lartigue, dans le ravin d'Eberbach, Conseil-Dumesnil, du 7e corps, et les cuirassiers de la brigade Michel.

Terrain à souhait pour la défense, avec ses pentes de bois, de vignes, de houblonnières, ses villages dominants, et, au fond de la vallée, un long glacis de prairies. Sur la barre d'eau du Sauerbach, le gros bourg de Wœrth, dont on n'a pas même fait sauter le pont. Son clocher reluit au soleil, avec ses faïences vertes. Sur le versant opposé, d'autres villages, Dieffenbach, Gunstett et son plateau — que Mac-Mahon a trouvé inutile d'occuper, comme inutile aussi de se retrancher, d'appuyer mieux sa droite. Il espérait. Il espéra tout le jour, obstinément, jusqu'à l'heure de l'irréparable déroute.

MAC-MAHON.

Chose étrange, la bataille livrée contre son attente, le fut contre les prévisions mêmes des Allemands. Le Prince Royal comptait en effet ne reprendre vigoureusement sa marche que le lendemain, exécuter, le 6, un changement de front. Mais, dès le matin, sur de simples démonstrations de reconnaissances, on s'engageait. Peu à peu les deux armées entières en venaient aux mains. Engrenage tragique, jeux profonds du destin.

Mac-Mahon, jusqu'à midi, put se croire vainqueur. Les avant-gardes du IIe corps bavarois, celles des Ve et XIe corps prussiens, étaient successivement repoussées. Ducrot chassait à la baïonnette, fauchait sous les mitrailleuses les Bavarois hésitants. Malgré le feu protecteur des batteries tonnant de Gunstett, les fantassins de Kirchbach et de Bose échouaient contre les pentes de

Frœschwiller et d'Elsasshausen, refluaient en désordre du Niederwald, repassaient la rivière. Même Hartmann, sur l'ordre du Prince Royal, retirait de la lutte le IIe corps bavarois. Les Allemands n'avaient pu enlever une seule hauteur, ne gardaient que leur débouché de Wœrth, et encore conquis sans résistance.

C'était le moment de foncer sur ces avant-gardes flottantes, de les rejeter sur le gros, d'écraser le IIe corps bavarois. Mac-Mahon n'y songe pas, non plus qu'à une retraite que rien ne semble d'ailleurs à ses yeux justifier.

LE PRINCE ROYAL.

Les épaisses masses qui devant lui, invisibles, se hâtent, la formidable poussée de ces 126000 hommes et de ces 300 canons, qui vont le balayer, lui, ses 45000 hommes et ses 120 pièces, pas un instant il ne les soupçonne. Il ne songe pas davantage à donner de nouveaux ordres à de Failly, à précipiter la lente marche de Guyot de Lespart.

Pourtant le feu de notre artillerie diminuait. Les batteries allemandes, des plateaux adverses, foudroyaient nos troupes. Lartigue se lançait contre Gunstett sans succès. Avec une solidarité puissante, les trois corps ennemis revenaient à la charge. A une heure enfin, le Prince Royal arrivait sur le champ de bataille, engageait à fond toutes ses troupes.

La retraite serait honorable, indiquée, nécessaire. Mais le héros de Malakoff n'est pas un habile; c'est un brave. Il ne connaît qu'une manœuvre : faire face, et, s'il le faut, tomber. Il est resté l'homme de son admirable mot, sur le bastion miné de Malakoff : « J'y suis, j'y reste ». Il est, comme tous les maréchaux d'alors, un excellent et valeureux divisionnaire, un exécrable commandant en chef. Il sacrifie son armée, risque imperturbablement sa vie. Il n'oublie que la vraie sacrifiée, la France.

Donc, on va tenter — il est bien temps — d'occuper

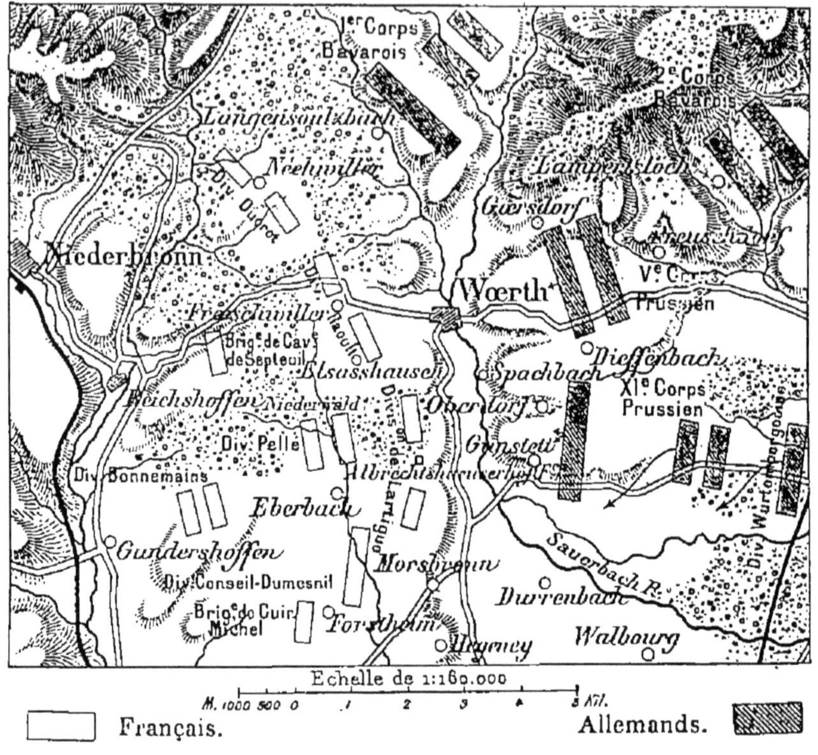

BATAILLE DE WŒRTH OU DE FRŒSCHWILLER (6 août).

Wœrth, où déjà sont venus se faire écraser, vers midi, les zouaves de Lhérillier. Mais tout le Ve corps est là, dégorge à flots pressés, s'élève insensiblement sur les pentes, s'enracine enfin en face de Frœschwiller et d'Elsasshausen. A droite, Lartigue, débordé, plie sous le choc des milliers de Prussiens qui pénètrent dans le Niederwald, barricadent Morsbronn. Toute la division va être rompue, émiettée. Lartigue fait appel aux cuirassiers de Michel.

« Allez! dit-il à l'un des colonels, et faites comme à Waterloo. » Le général Michel s'élance, l'épée haute, au cri de « Vive la France! » La charge sonne; avec deux escadrons de lanciers, les lourds régiments s'ébranlent. A travers un affreux terrain de fossés, de talus, dans le hérissement des houblonnières, ils galopent, sous les feux croisés de l'infanterie, les obus pleuvant de Gunstett. Ils s'engouffrent dans Morsbronn, le piège des rues barricadées, la fusillade des fenêtres. Les balles sonnent comme grêle sur les cuirasses. Les cavaliers, les chevaux morts jonchent le sol. A la sortie, un régiment frais de hussards prussiens fond sur les survivants, les anéantit. La brigade Michel a vécu.

Reformée, notre droite, malgré les efforts des turcos, des chasseurs, des zouaves, doit céder, reculer pied à pied. Pêle-mêle maintenant, Lartigue, Conseil-Dumesnil, Pellé, Raoult s'agrippent, après le Niederwald envahi, à Elsasshausen incendié. Ressac sanglant, flux et reflux héroïques, lutte stérile de géants... Les deux corps prussiens, les deux corps bavarois, les Wurtembergeois montent à l'assaut de Frœschwiller.

Plutôt que de reculer d'un pas, Mac-Mahon perd pied, s'enfonce dans son entêtement stoïque... Qu'attend-il? Que Failly, occupé à Bitche... Mais il ne lui a télégraphié aucun ordre, ne lui a réclamé aucun secours... Que du moins Guyot de Lespart... Mais alors pourquoi ne pas l'appeler, bien vite, à lui?... Le maréchal, comme frappé de stupeur, ne semblait se préoccuper que d'une chose, prolonger coûte que coûte son rêve fuyant de victoire, retarder, à force de sacrifices, la seconde de l'écroulement définitif.

Pour gagner une demi-heure, et tout perdre, il immole sa réserve d'artillerie, chevaux aussitôt culbutés, servants tués, canons pris. Il immole sa réserve de cavalerie, la magnifique division de Bonnemains, fondue à la fournaise, l'espace d'un galop. Il immole le seul régiment qui n'ait pas encore donné, les tirailleurs réchappés de Wissembourg, qui se ruent, d'un élan fou.

C'est la fin. Il faut évacuer Frœschwiller, s'évader par la route de Reichshoffen. Il est cinq heures. Raoult est tué. Plus de 10 000 cadavres ou blessés français couvrent le sol, 6 000 hommes se rendent prisonniers. Ducrot, avec le reste de sa vaillante division, a beau couvrir un semblant de retraite, Guyot de Lespart, arrivé enfin, arrêter un semblant de poursuite. Les vainqueurs sont si las qu'après avoir salué de leurs hurrahs le Prince Royal parcourant les rangs, ils s'abattent, se couchent sur place, où gisent 10 000 des leurs. On comptera demain le butin : 1 aigle, 28 canons, 5 mitrailleuses, 91 caissons, 28 fourgons de munitions, 150 voitures, 1 200 chevaux...

Quant aux vaincus, ils sont si profondément démoralisés qu'ils roulent, bandes éparses, toute la nuit, vers Saverne. 4 000 fuyards gagnent Strasbourg. Il n'y a plus ni généraux, ni soldats. C'est une cohue abrutie, affamée, un pêle-mêle sans nom d'êtres humains, de chevaux, de canons, de voitures. Ombre d'armée, commandée par une ombre.

L'Alsace ? Il faut en faire son deuil. Va-t-on s'arc-bouter du moins aux passages des Vosges ?... Mais Mac-Mahon, dans ce désastre imprévu, semble avoir perdu jusqu'à l'esprit. Un seul instinct : aller se reformer, à l'abri, le plus loin possible... Il entraîne Failly dans sa déroute. Et voilà le pays saignant, la brèche ouverte à l'invasion.

CHAPITRE IV

Forbach (6 août). — Autour de Metz. — Borny (14 août). — Retraite sur Verdun.

Le même jour Steinmetz battait Frossard, entrait en Lorraine.

Qu'avons-nous fait, sur la Sarre, depuis le 2 août? Après son facile succès de Sarrebrück, le 2e corps s'est replié, occupe les hauteurs de Spickeren, Forbach, et le village de Stiring. Le 3e corps, à Saint-Avold, forme en arrière un vaste arc de cercle. Le 4e corps, à gauche, s'est groupé autour de Boulay. La Garde, en trois jours, a reçu cette série d'ordres : quitter Metz pour Saint-Avold, non, pour Volmerange; en route, demi-tour sur Metz, puis vers Courcelles-Chaussy; est-ce tout? de nouveau Saint-Avold, encore un arrêt et enfin, pour de bon cette fois, Courcelles-Chaussy... Et derrière tout cela, inemployée, la cavalerie.

STEINMETZ.

Moltke cependant pousse ses armées. La Ire et la IIe sont en marche vers la Sarre, lançant leurs avant-gardes vers Sarrebrück, Steinmetz en tête, impétueux, avide des premiers coups.

Naguère le commandant du 2e corps, alors qu'il était précepteur du Prince Impérial, avait préconisé, dans l'hypothèse de la guerre franco-allemande, en Alsace les positions de Frœschwiller, en Lorraine celle de Cadenbronn. Un hasard singulier le fait, à son tour, tomber presque à l'endroit qu'il a vanté.

En même temps que les canons du Prince Royal tonnent là-bas à Wœrth, la division Kamecke franchit les ponts intacts de la Sarre. Son chef a pris le léger recul de Frossard pour une retraite, et va donner droit dans la division Laveaucoupet, établie sur le Rothberg, et dans la division Vergé, à Stiring. Il paye son audace, est écrasé à demi. Mais déjà voici les renforts, pas essoufflés des bataillons, galop des chevaux, trains à toute vapeur. C'est la même aventure qu'à Wœrth, les avant-gardes prussiennes trop hardies, le gros volant au canon, avec une solidarité exemplaire.

FROSSARD.

Frossard n'aurait qu'à se lancer, culbuter dans la Sarre ces masses qui accourent une à une. C'est, par malheur, un officier du génie, un spécialiste des plus savants. Il s'est couvert de renommée à Sébastopol, dans les tranchées. Excellent ingénieur, il est tacticien médiocre. Il ne bouge pas. En vain Laveaucoupet, Vergé, Bataille qui le renforcent, luttent-ils, depuis midi, pied à pied. Forbach est tourné sur la gauche, le flot ennemi monte toujours, bat sauvagement ces falaises escarpées et ces bois où nos soldats se font tuer. Quand la nuit tombe, la marée victorieuse couronne les hauteurs ; son assaut acharné, grossi d'heure en heure, jusqu'à 70000 hommes, a fini par enfoncer, précipiter à la dérive les 29000 hommes et les canons du 2e corps.

Quant à Bazaine et à ses quatre divisionnaires, qui sont tout près, ils n'ont pas bronché, ou si peu que rien.

On entend garder pour soi ses propres forces ; on n'aime pas non plus « le maître d'école »... Frossard tient sa bataille, c'est bon, qu'il y ramasse seul son bâton de maréchal ! « Puisqu'il est si savant, — dit l'un qui entend le canon, attend l'arme au pied, — qu'il s'en tire ! » Égoïste et criminelle inertie, que le contraste du dévouement ennemi fait plus pénible encore.

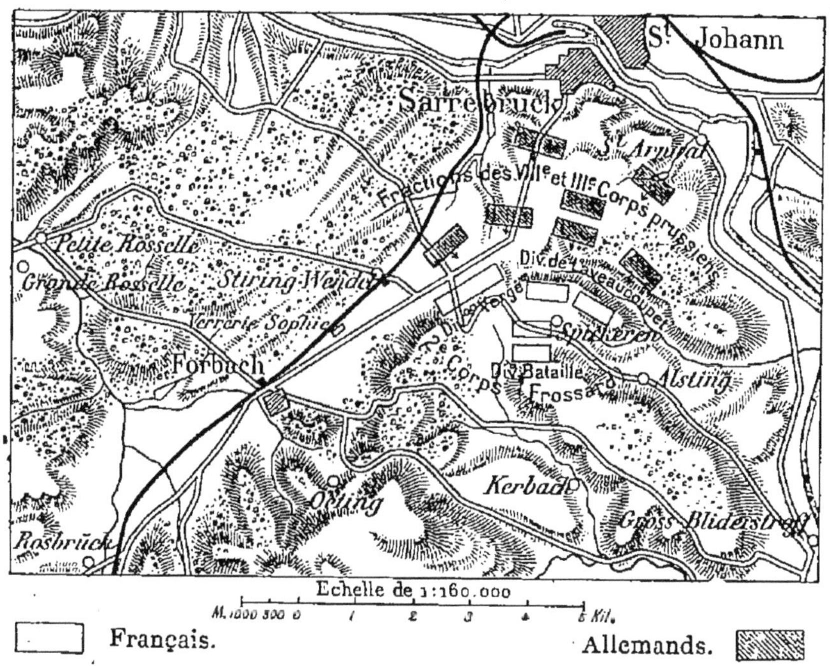

Français. Allemands.

BATAILLE DE SPICKEREN OU DE FORBACH (6 août).

Positions des deux armées vers 5 heures du soir.

Certes, 223 officiers et 4648 soldats allemands tués ou blessés attestaient une laborieuse victoire. Mais Frossard perdait de son côté plus de 4000 hommes, 1900 prisonniers, trois camps de tentes, tous ses bagages. Et le plus rude c'était, moins encore ce cruel bilan, que la défaite en soi, les autres corps rejetés sur Metz en contrecoup, et par toute la France, le prolongement sinistre. A ces deux chutes simultanées de foudre, Forbach, Wœrth, une commotion parcourut le pays, Paris consterné.

On mesura tout, l'irréparable légèreté de l'Empire, le manque absolu de préparation, de moyens, et devant cette révélation d'abîme, la faiblesse de qui tenait la barre. Aussitôt le Gouvernement fut par terre, la Chambre renversait le premier responsable, ce ministère Ollivier de qui la coupable imprévoyance avait déchaîné tant de maux. Un ministère Palikao prenait la main. On espérait dans le vainqueur de l'expédition de Chine, Cousin-Montauban, comte de Palikao, soldat et organisateur sévère. L'Empereur, plus atteint que personne, sentit le besoin de réorganiser les forces, et de s'effacer.

PALIKAO.

Bazaine était nommé au commandement des 2e, 3e, 4e, 6e corps et de la Garde, plus la brigade mixte Lapasset, séparée du 5e corps dans le désarroi qui entraîne Mac-Mahon vers Châlons. Decaen prenait le 3e ; Canrobert et le 6e étaient appelés de Châlons, la réserve d'artillerie de Nancy. Lebœuf, destitué à sa grande amertume, et Lebrun devenaient disponibles ; le méticuleux Jarras, seul, restait chef d'état-major général de Bazaine, lequel ne le pouvait sentir. Pas de plus fâcheux désaccord.

Ce n'était du reste que changement de médecins au chevet d'un mourant.

Le nouveau commandant en chef, dont l'attitude venait d'être si bizarre à Sarrebrück et à Forbach, devait à la seule opinion publique son élévation. Ame ambiguë, Bazaine n'avait rien de la loyauté d'un soldat, en ayant tout de son courage. Le plus jeune des maréchaux, c'était un politique tortueux, remarié sur le tard à une étrangère ambitieuse, jeune et belle. Il avait au Mexique joué un rôle louche, tout de visées personnelles vers quelque création d'empire. Brouillé avec Napoléon III (qui lui avait, au retour, fait refuser les honneurs militaires), il était, de ce fait, aux yeux de l'opposition, homme du premier mérite. On chuchotait : « Bazaine ?... Un caractère... Oh ! très fort ! » Souffle léger qui le porta, et, avec lui, la ruine de tous. Il était capable de très bien guider une division, non une armée en rase campagne. Nul doute que la conscience de son infériorité militaire aussi bien que l'inconscience de ses ténébreux calculs l'aient attaché, englué à Metz, comme une araignée au centre de sa toile.

Et maintenant, que décider ?

L'Empereur, d'abord, pour couvrir Paris, a voulu reculer sur Verdun, Châlons où vont se concentrer Mac-Mahon, et les hâtives formations nouvelles. Déjà ses gros bagages sont partis... Mais ainsi fuir, quand la Garde, le 3e et le 4e corps n'ont pas brûlé une cartouche ? on redoute le fâcheux effet moral. C'est résolu, on demeurera sous Metz, dans ce camp retranché d'où l'on menace le flanc de l'envahisseur. Et toute l'armée du Rhin rétrograde de la frontière sur la Nied.

Moltke aussitôt se prépare à l'aborder de front, Frédéric-Charles tournant notre droite. Mais déjà les tentes sur la Nied sont abattues ; Napoléon, inquiet, a décidé, contre Bazaine, de passer sur la rive gauche de la Moselle. Adieu Metz ! on va retraiter sur Verdun... Moltke aussitôt jette tout son monde vers la droite, n'a plus qu'une idée, franchir avant nous la Moselle. Et Steinmetz nous suit à la piste, tandis que le Prince Rouge court aux ponts de Marbache, Dieulouard, Pont-à-Mousson et que le

Prince Royal, qui décidément a perdu le contact de Mac-Mahon, marchera sur Nancy, en se reliant à Frédéric-Charles.

La cavalerie ennemie — au lendemain de Wœrth si timide encore que le prince Albrecht de Prusse, dans sa poursuite, a rebroussé chemin au bruit du canon — s'est enhardie. Elle est ici, là, partout, harcelante. En vain un parti de chasseurs d'Afrique (brigade Margueritte) écrase-t-il une de ses pointes à Pont-à-Mousson, permettant à une partie du 6e corps, qui vient de Châlons, de rallier encore, sur la voie réparée en hâte. Les uhlans terrorisent, ils jaillissent à l'entrée des villages, des villes. Quatre de leurs coureurs vont entrer en maîtres à Nancy.

Napoléon n'y tient plus. Il quitte Metz précipitamment, au milieu du silence glacial des habitants, le 14 août. Et derrière lui, l'armée s'ébranle, traverse la Moselle. Moltke, la veille, n'a pas caché sa joie en apprenant que les camps français étaient encore sur la rive droite. Bazaine « abondait dans ses vues ». Et laissant Steinmetz en observation avec deux corps du Prince Rouge, il accélérait la marche du reste vers la route de Verdun.

Soudain, dans l'après-midi du 14, le canon éclate. Comme à Forbach, comme à Wœrth, la bataille imprévue de Borny s'engage. Goltz, qui commandait une des avant-gardes de Steinmetz, s'est aperçu de notre retraite. Sans ordres, de son impulsion propre, il fond devant lui. Le 3e corps, soutenu par la Garde, fait volte-face. Les divisions de Ladmirault repassent gaiement la Moselle, accourent. Et voilà la retraite suspendue.

Sans doute Goltz est arrêté net, va succomber bientôt. Mais déjà Manteuffel avec le Ier corps prussien, puis Zastrow avec le VIIe, entrent résolument en ligne. Une lutte acharnée se débat. Cissey, Lorencez barrent le ravin de Lauvallier où les fantassins de Manteuffel se débandent ; ils lui arrachent Nouilly, Mey, reperdu à la nuit. Une masse de quatre-vingt-dix canons allemands, de Noisseville, éteint les nôtres, arrête Ladmirault. Mais l'attaque ennemie s'est brisée contre les hauteurs de

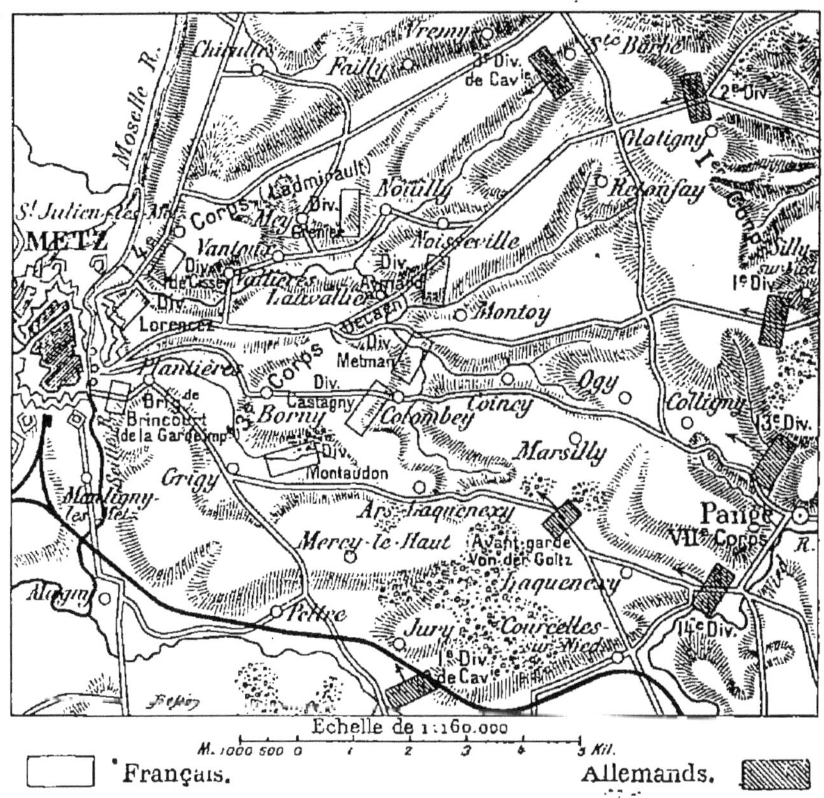

Français. Allemands.

BATAILLE DE BORNY (14 août).

Bellecroix ; une brigade de Zastrow, par trois fois relayée, n'a pu enlever qu'à force de sang une allée de peupliers et quelques sapins. A Grigy, au bois de Borny, on se fusille, on se massacre, dans l'obscurité chaude, jusqu'à neuf heures.

Lutte indécise, où chacun se dit victorieux. Bazaine, qui, impassible au feu, a dirigé l'action et a été contusionné à l'épaule, est félicité par Napoléon d'avoir « rompu le charme ». Et c'était bien pour nous un succès tactique, puisque les Allemands laissaient 5000 hommes hors de combat, sur ce terrain trop rapproché des forts et qu'ils abandonnaient le lendemain. Mais c'était aussi une réelle défaite stratégique ; c'était un jour d'avance aux avant-gardes de Frédéric-Charles, et, pour l'armée du Rhin, un irréparable retard.

Les lenteurs du 15 août aggravèrent le péril.

L'armée, entassée presque entière (sauf Ladmirault qui trouva, utilisa un autre chemin) sur l'unique route de Longeville-lès-Metz à Gravelotte, fit, ce jour-là, dans une confusion inexprimable, à travers des vagues de poussière, une étape de tortue. Insouciance de l'état-major, qui n'avait que de mauvaises cartes de France, — quand il en avait ! De celles d'Allemagne, en revanche, il eût chargé des wagons... Tandis que nos divisions de cavalerie battaient l'estrade, en avant cette fois ! mais sans rien découvrir des projets ennemis, les troupes lasses et mornes passaient, passaient sans cesse devant l'auberge de Gravelotte où, sur une chaise de paille, se tenait, blême, Napoléon III, les cheveux pendants et la tunique déboutonnée... Triste contraste des autres 15 août : défilés des fêtes impériales !

Le souverain était en hâte accouru de Longeville, où déjà tombaient les obus des reconnaissances ennemies. Et tels étaient son inquiétude, le lourd sentiment de son impuissance, de l'inutile gêne qu'imposait là sa présence, qu'il montait en voiture, à l'aube du 16, s'éloignait précipitamment, au galop des petits chevaux arabes des chasseurs d'Afrique.

Bazaine, délivré, respire. La menace qui sur son flanc gauche grandit, le noir nuage de Frédéric-Charles, il n'en a cure. Un seul souci : rester sous Metz. Son premier soin est de suspendre la marche. On peut redresser les tentes ; on ne partira « probablement que dans l'après-midi ».

Tout à coup, — il est neuf heures, — le canon allemand retentit. Les obus inattendus pleuvent sur les chevaux à l'abreuvoir de la division de Forton, saisie de panique.

La bataille de Rezonville commence.

CHAPITRE V

Rezonville (16 août). — Saint-Privat (18 août).

Ces deux grandes journées du 16 et du 18 août, Rezonville et Saint-Privat, sont les deux plus meurtrières de la guerre. La victoire, on peut le dire avec un amer regret, fut jusqu'au soir du 18 dans la main du commandant en chef ce Bazaine que servaient les plus vaillants soldats de France. Elle ne leur fut arrachée qu'au prix d'efforts tenaces, désespérés, dont témoigne assez le soin pieux que mit le vainqueur, lorsqu'on traça la nouvelle frontière, à faire allemand ce coin de terre, où près de 36 000 des siens tombèrent.

Rezonville, d'abord.

Une fois de plus, surprise, puis résistance épique, sur place. Et, du côté des Allemands, audace d'agression, soutenue aussitôt, et jusqu'au succès final, par la solidarité des chefs, le dur, le patient effort répété des troupes.

Seuls, le 2e corps, le 6e et la Garde avaient pu coucher, le soir du 15, aux bivouacs prescrits, sur la route de Verdun. Route plate, courant à travers Gravelotte, Rezonville, Vionville, Mars-la-Tour, sur un grand plateau mouvementé, semé de hameaux et de bois. Bazaine, sur sa gauche, a les dangereux ravins montant de la Moselle, et, sur sa droite, échelonnés selon les lenteurs de l'étape qui a suivi Borny, le 3e, puis le 4e corps. Il n'aurait qu'à faire masse, et vite à appeler, à lancer devant eux Lebœuf, qui a remplacé Decaen mortellement blessé le 14, et

Ladmirault, il écraserait sans peine, rejeterait à la Moselle ce téméraire Alvensleben qui seul, et croyant n'avoir affaire qu'à une arrière-garde, a provoqué la lutte, et s'y épuise, jusqu'à ce que de tardifs renforts lui arrivent. 65000 Allemands à peine, par paquets successifs, ont en effet, ce jour-là, combattu, contenu 125000 Français.

On s'est vite remis de la première stupeur. Frossard occupe Vionville et Flavigny ; Canrobert s'établit en avant de Rezonville ; Lapasset face aux bois de Saint-Arnould et des Ognons, débouché de Gorze. La Garde est là, en réserve. Bazaine est tranquille : ses communications avec Metz ne seront pas coupées, c'est l'essentiel. Et il envoie seulement dire à Lebœuf qu'il vienne se ranger à droite de Canrobert. A Ladmirault, nul ordre.

Mais Alvensleben lance en avant son artillerie, jette ses divisions à l'assaut de Flavigny, de Vionville en flammes, qu'il occupe. Décimé, le 2e corps plie, recule sous la protection des cuirassiers de la Garde. Une fusillade jette bas leur admirable charge ; des hussards de Brunswick les ramènent, pénètrent jusqu'à une batterie de la Garde que Bazaine, avec une froide bravoure, et sans se soucier de la direction d'ensemble, perd son temps à placer. Le maréchal manque d'être pris ; son état-major est dispersé. Un moment, reconnaissable à son couvre-nuque blanc, il galope côte à côte avec un sous-officier brunswickois. Quel bienheureux coup du sort si l'autre l'eût capturé ! On n'y peut songer sans tressaillement.

Déjà les grenadiers de la Garde avancent, faisant front contre cuirassiers, uhlans, dragons de Brandebourg et de Slesvig-Holstein. Et Canrobert s'apprête à marcher contre Vionville. Alvensleben a beau maîtriser la route de Verdun, il n'a plus que quelques cavaliers sous la main. La brigade Bredow se rue à l'attaque, pousse sa fameuse charge. Elle bouscule nos tirailleurs, perce la première, la seconde ligne, arrive aux canons, se brise enfin sous le choc de nos dragons et de nos cuirassiers,

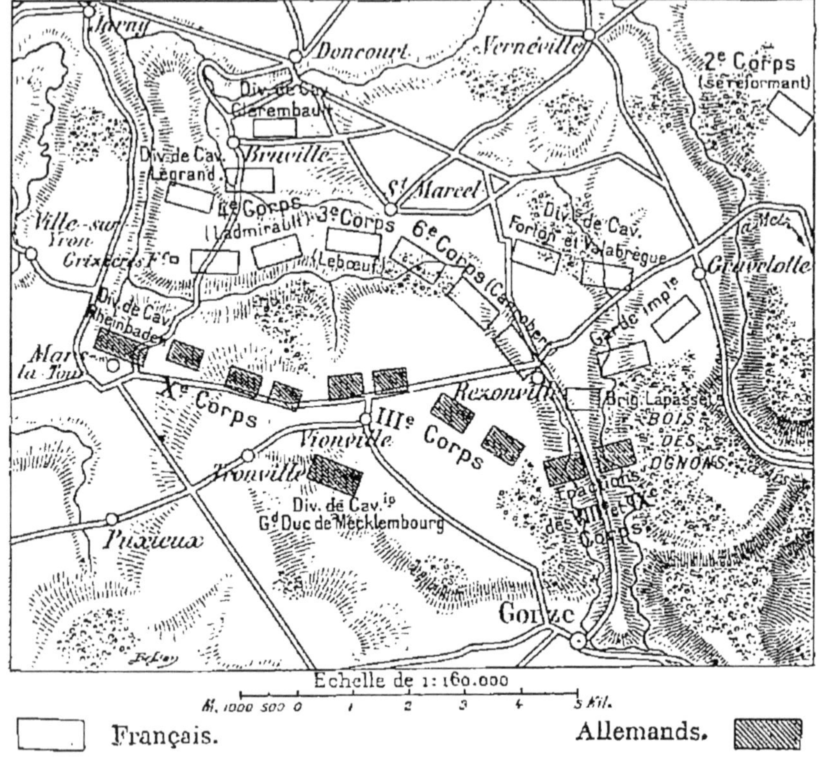

Français. Allemands.

BATAILLE DE REZONVILLE (16 août).

Positions des deux armées vers 5 heures du soir.

et, rompue, retraverse fièrement, réduite des trois quarts, en cette héroïque « chevauchée de la mort ». Canrobert, surpris, ne bougera plus de la journée.

Pourtant, sur notre droite, entre deux et trois heures, Lebœuf, et derrière lui Ladmirault, qui a marché au canon, entrent en scène. En même temps, et vis-à-vis, arrivaient les premiers renforts de Voigts-Rhetz, à demi fourbus. Bazaine, inquiet de sa gauche, que rien ne menace, choisit cet instant pour la renforcer avec une division de Lebœuf. Et Lebœuf s'arrête. Et Ladmirault, sans instructions, hésite.

Il est quatre heures. Paraît Frédéric-Charles, accouru de Pont-à-Mousson, bride abattue, — deux heures d'effréné galop. Ordre à Voigts-Rhetz et au Xe corps de prendre l'offensive, et de se jeter contre Ladmirault, Lebœuf, Canrobert. Alvensleben à bout de forces suffira pour contenir Frossard et la Garde, tandis que le Prince Rouge appelle à l'aide les autres corps, bien lointains.

La brigade Wedell, du Xe, dépasse donc Mars-la-Tour, parvient jusqu'au ravin de Grizières. Mais de Cissey, qui a fait poser les sacs et accourt au pas gymnastique, l'y écrase, lui prend un drapeau, 300 prisonniers. Deux régiments de cavalerie, qui volent au secours, sont fauchés de même.

DE CISSEY.

Le soir approche. Frédéric-Charles déchaîne alors, sur le plateau de Mars-la-Tour, tous les escadrons dont il dispose. Deux heures durant, une mêlée épouvantable et confuse tourbillonna dans ces champs, sous un voile de poussière épaisse. Hussards et dragons de Legrand, tué là, le 2e chasseurs d'Afrique de Du Barail, les lanciers de la Garde et les dragons de l'Impératrice, deux brigades encore fluctuaient éperdument, dans cette tourmente de cris, de galops, d'éclairs de sabre, la plus vaste, et une des plus furieuses qui jamais se soient vues. L'élan de la cavalerie du Prince Rouge se bornait là, mais sa gauche put souffler; Ladmirault ne fit plus un pas.

Jusqu'à la nuit close, poussant quelques renforts harassés, et, dans l'ombre enfin, un faible et dernier assaut, Frédéric-Charles s'est obstiné à son incertaine, et trop certaine victoire. Certes il a payé, chèrement, l'orgueil de coucher sur les positions conquises : une nuit sereine, une lune glacée bleuissent ces plaines où de chaque côté, 16 000 tués ou blessés reposent et gémissent. Mais il tient Vionville et Mars-la-Tour. *Marsch retour* (1) ! comme ils disent. La route de Verdun est barrée.

DE LADMIRAULT.

Quand l'aube du 17 se leva, l'armée du Rhin, confiante, espérait reprendre, achever la bataille. Mais Bazaine, dans la nuit, avait ordonné demi-tour, la retraite vers Metz. Prétexte : la nécessité de se ravitailler en munitions et vivres, qui, ni les uns ni les autres, ne manquaient. En réalité, attirance du camp retranché, peur de se faire battre en rase campagne... Il fallut, le cœur serré, montrer les talons, aller camper sur les plateaux de Rozérieulles, d'Amanvilliers, de Saint-Privat. Du moins, au nord, la route de Briey restait ouverte, permettait toujours de rallier Verdun...

Mais, le 17, toute l'armée allemande profitait du répit : Moltke et Guillaume massaient devant nous les forces de Steinmetz et de Frédéric-Charles, jusqu'à sept corps, et trois divisions de cavalerie, plus de 180 000 hommes. La première bataille concertée, voulue de part et d'autre, allait se livrer. Rencontre décisive, heure solennelle.

Bazaine appuyait fermement sa gauche à la Moselle,

(1) Marche en arrière.

au fort Saint-Quentin, sur les pentes duquel s'alignaient la Garde et la réserve d'artillerie. Frossard se retranchait à Rozérieulles, au Point-du-Jour; Lebœuf au bois des Génivaux, aux fermes de Moscou, Leipzig, La Folie. Ladmirault tenait Amanvilliers. Mais la droite était en l'air, à Saint-Privat, Canrobert, sans ses réserves d'artillerie et du génie, restées à Châlons, n'ayant pu se fortifier, ni mettre assez de canons en ligne. Bazaine s'en moque; il n'a d'yeux que pour sa gauche, inexpugnable, qui touche à Metz.

A midi, de Vernéville, le canon de Manstein, surprenant un camp de Ladmirault, engageait l'action. Trop tôt, au gré de Moltke, qui, opposant Steinmetz à notre gauche et Frédéric-Charles à notre droite, n'eût voulu le combat que lorsque le Prince Rouge, en train de converser, arriverait à hauteur. Bientôt, de Vernéville à Gravelotte, 200 pièces allemandes tonnaient déjà, que Frédéric-Charles manœuvrait toujours.

Et partout, jusqu'à l'obscurité venue, en face de Ladmirault, comme en face de Lebœuf et de Frossard, venait échouer la frénésie des assauts allemands; ils gagnaient le terrain pouce à pouce, entassaient de blessés et de morts les rudes escarpements boisés, les Génivaux; mais, en dépit d'élans surhumains, jamais ils ne réussirent à tenir pied sur la crête. Le Point-du-Jour, Saint-Hubert, Moscou, Leipzig, La Folie, autant d'imprenables réduits, balayant d'un ouragan de fer les pentes nues, d'où sans cesse refluaient en désordre fantassins, cavaliers et canons, tout le flot noir fonçant d'une rage têtue. Ainsi flotta, jusqu'au soir, sur toute la ligne, ce combat sanglant. Les balles françaises pleuvaient dru jusqu'à Gravelotte, semaient au loin des paniques. Guillaume et Bismarck, venus trop près, durent tourner bride.

Cependant la gigantesque bataille, indécise à gauche, se décidait à droite.

Frédéric-Charles, avec la garde prussienne, avait, vers trois heures, enlevé Sainte-Marie-aux-Chênes, et marché

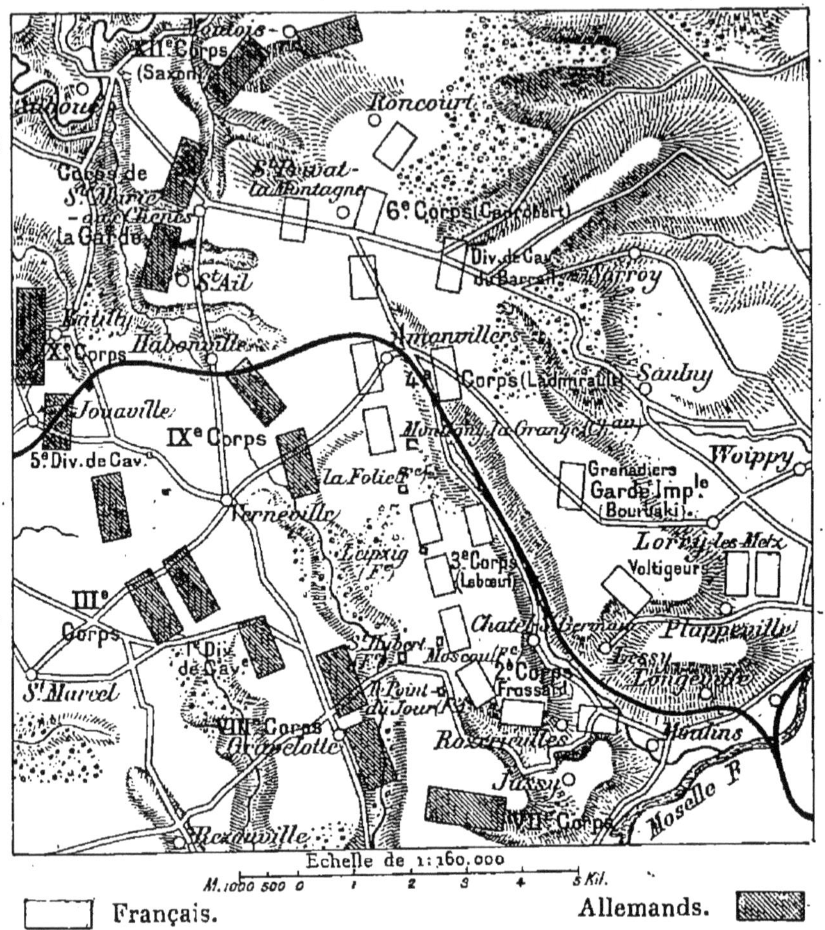

BATAILLE DE SAINT-PRIVAT (18 août).

ensuite droit à notre 6e corps, tandis que le XIIe (saxon), débordant au Nord, s'avançait vers Auboué, Montois, et, tâtant le vide, se rabattait vers Roncourt, montait à son tour vers Saint-Privat, refuge tonnant de Canrobert. Le sort de la guerre se jouait là. Soutenu, Canrobert eût peut-être triomphé de Frédéric-Charles; la gauche allemande pliant, tout cédait... Minute unique, sans retour.

La première attaque du Prince Rouge, à cinq heures, venait d'être glorieusement repoussée. Sur le long glacis que le village domine, à pas lents jalonnés de morts, la Garde royale prussienne s'était élevée, « trouvait là son tombeau ». En moins de rien, Auguste de Wurtemberg voyait tomber 160 officiers, 4000 hommes. Il faut faire sonner en arrière, avancer les canons. A sept heures, 10 batteries, auxquelles bientôt se joignent les 14 batteries saxonnes, bombardent Saint-Privat qui flambe, dans le soleil couchant. La Garde et les Saxons se précipitent, enseignes déployées, au strident tapage des fifres et des tambours plats. La fusillade folle crépite; on s'égorge au cimetière, on s'arrache rues, maisons, dans un affreux tumulte et de lourdes fumées. Lentement, Canrobert qui sans secours de munitions, seul, abandonné, a tenu là trois mortelles heures, Canrobert, désormais immortalisé, recule.

CANROBERT.

Retraite irrémédiable; car Ladmirault, découvert, doit évacuer Amanvilliers.

Et les vingt mille hommes de la Garde sont là, frémissants, l'arme au pied; ils n'attendent qu'un signe, prêts à bondir. Et toute la cavalerie est là, ronge son mors. Et la réserve d'artillerie est là : 138 canons, sur 520, se taisent, alors que les 600 pièces allemandes donnent à pleine gueule.

Et Bazaine aussi est là, invisible.

Ce tonnerre sans fin, ces mouvements de milliers d'hommes, rien, il ne voit, n'entend rien. Il joue au billard, dans son logement de Plappeville. Jarras fait seller les chevaux, le Maréchal ordonne qu'on se mette aux tableaux d'avancement, à ces paperasses que la mort, dans la même seconde, barrait de sang ! A trois heures et demie, il monte au Saint-Quentin, regarde du côté de sa gauche, vers l'aimant de Metz, puis va se promener. Aux aides de camp de Ladmirault, qui veut du renfort, de Canrobert, qui supplie, réclame à cor, à cri, des hommes, des canons, des cartouches, des cartouches seulement ! à Bourbaki qui demande des ordres, il oppose une placide inertie, rentre doucement vers sept heures. Le 6e corps est enfoncé, Saint-Privat pris, la bataille perdue. Que lui importe ? Il a fait dans la journée reconnaître le terrain autour de Metz, sous le canon des forts. Aux officiers navrés de Ladmirault, de Canrobert, accourant encore, il déclare : « Nous devions partir demain matin. Nous partirons ce oir. Voilà tout. »

12000 Français et 20000 Allemands jonchaient le sol. Metz était investi, lui-même coupé de la France. Pour la défendre, plus rien que les vaincus de Wœrth et quelques mobiles.

Voilà tout !

CHAPITRE VI

Marche de Mac-Mahon vers Bazaine. Beaumont (30 août).

Moltke aussitôt établissait, autour de la souricière, Frédéric-Charles et 160000 hommes (Ire armée et partie de la IIe); puis, formant une IVe armée (la Garde, IVe, XIIe corps, 5e et 6e divisions de cavalerie), environ 70000 hommes sous le Prince royal de Saxe, il les poussait en avant, soutenait ainsi la marche du Prince Royal et de la IIIe armée, vers Paris. Et tandis que Bazaine clouait sous Metz ses bivouacs, cadenassés par le cercle allemand, tout ce qui restait de forces françaises convergeait à Châlons.

Du 17 au 20 août, plus de 120000 hommes s'y amassent. Ce sont, renforcés par les quatrièmes bataillons, les débris du 1er corps, qui laissant derrière soi le tunnel de Saverne intact, — irréparable faute, — ont roulé jusqu'à Neufchâteau. Masse confuse, indisciplinée. Trente-deux heures de chemin de fer encore, et les voilà rendus. En même temps arrive le 5e corps, dont les divisions, sans s'être battues, sont aussi lasses qu'après une défaite; un incroyable remous, une tourmente d'ordres contradictoires les a ballottées, de ville en ville, jusqu'à ce qu'enfin l'Empereur les dirigeât sur le camp de Châlons, où affluait aussi le 7e corps, appelé de Belfort par Palikao, et obligé, pour rejoindre Châlons en chemin de fer, de passer par Paris. Il y avait encore (marins, lignards et recrues), les formations nouvelles du 12e corps, sous

Trochu, et les mobiles de la Seine, 16 000 bonnes volontés, mais indociles, inexpertes.

Quelle résolution prendre? Couvrir la capitale?

L'Empereur, le 17 août, tient un suprême conseil de guerre. On y décide : 1° que Bazaine restant généralissime (on ne sait rien encore des irréparables journées de Saint-Privat et de Rezonville), l'armée nouvelle, dite de Châlons, est placée sous les ordres de Mac-Mahon; 2° le duc de Magenta ralliera devant Paris, où Trochu, nommé gouverneur, rentre de suite avec les mobiles de la Seine; Ducrot prend le commandement du 1er corps, Lebrun du 12e. Les décrets sont signés, la Régente prévenue.

Là-dessus, dépêches comminatoires des Tuileries. L'Impératrice tremble à l'idée du retour de Napoléon vaincu, voit la révolution dans les rues. Palikao de son côté supplie qu'on n'abandonne point l'armée de Metz, qu'on se jette sur les corps allemands « épuisés ». Sur ces entrefaites arrive un aide de camp de Bazaine, avec les mauvaises nouvelles de Rezonville. Le Maréchal, la route de Verdun coupée, « compte s'élever par le Nord, demande des approvisionnements sur la ligne des Ardennes ».

Plus d'hésitations, il faut aller à sa rencontre. Palikao expédie du ministère les ordres de marche, fixe les gîtes d'étape. Il a son plan. Que Mac-Mahon pousse droit vers Bazaine, il sera le 25 août à Verdun, y écrasera les forces inférieures du Prince de Saxe. Frédéric-Charles sans doute marchera au canon, mais alors l'armée du Rhin fonce derrière lui, l'armée de Châlons surgit devant. Les vainqueurs de Rezonville sont pris entre deux feux. Le Prince Royal est trop loin, ne peut secourir... Conception hardie, le salut peut-être! mais il faut forcer de vitesse; il faudrait une armée solide, un chef résolu.

Mac-Mahon, si ferme au feu, n'est que doute. Il préférerait aller se reformer sous Paris ; Bazaine, averti, lui a fait répondre d'agir « comme il l'entendrait ». Comble d'inquiétudes, un faux avis montre les coureurs ennemis tout voisins. Mac-Mahon s'arrête à ce compromis : gagner Reims, plus sûr, et qui n'éloigne trop ni de Paris, ni de Bazaine...

Dans le jour maussade, aux nuages bas, le 21 août, l'armée traverse la Champagne rase : il est nuit close quand harassée elle s'étend, lourdement, autour de Reims. Mac-Mahon, à sa descente de cheval, est appelé chez l'Empereur. Le président du Sénat, Rouher, est accouru ; il supplie, au nom de l'Impératrice et des ministres : A aucun prix qu'on ne se rabatte sur Paris !... Mais Mac-Mahon sent le péril de l'Est, refuse de s'y porter, à moins que Bazaine n'envoie des instructions nouvelles. La marche sur Paris est décidée; Napoléon, tournant toujours au dernier vent, approuve.

Soudain, le 22 août, dépêche de Bazaine, annonçant Saint-Privat et le fallacieux désir de gagner le Nord, puis Montmédy. C'est bien, Mac-Mahon n'abandonnera pas un camarade. Spontanément, loyalement, il décide d'aller tendre la main à l'armée du Rhin. Napoléon dit *amen*, télégraphie joyeux à Palikao : « Nous partons demain pour Montmédy... »

Pourtant, dans l'après-midi, une seconde dépêche de Metz arrive, moins catégorique : « Je vous préviendrai de ma marche, dit Bazaine, si toutefois je puis l'entreprendre sans compromettre l'armée. » Nul doute que ces mots, connus de Mac-Mahon, l'eussent retenu sur la pente où il ne s'engageait qu'à regret. Mais le chef des renseignements, colonel Stoffel, un « affidé de l'Impératrice », garda la dépêche dans sa poche.

Le sort en était jeté. L'armée de Châlons, le 23 août, sous la pluie, commençait cette lente et douloureuse marche, qui allait aboutir au gouffre fatal, à l'entonnoir de Sedan.

Cent cinq mille fantassins, quinze mille cavaliers y compris les divisions de réserve de Bonnemains et Margueritte, 393 canons et 76 mitrailleuses, toute cette masse, au lieu de fondre hardiment sur le but prescrit, — seule chance de succès, — se traîne d'étape en étape, oscillant du Nord à l'Est et de l'Est à l'Ouest, sans pouvoir se décoller de la voie ferrée de Rethel, qui l'approvisionne. Marche d'aveugle, à tâtons, la cavalerie étant retenue au flanc des colonnes, ou talonnant derrière.

Le 23 août, on atteint la Suippe, et déjà une horde de traînards se donne carrière, pille à loisir la gare de Reims, les trains de munitions et de vivres. Le 24, on oblique à gauche, vers la ligne de ravitaillement. Le 25, deux des corps ne bougent pas, les deux autres, à droite, font 12 kilomètres à peine. Le 26 c'est l'inverse, repos à droite, et insensible mouvement à gauche. Les soldats se laissaient aller à une morne insouciance, marchaient tête basse, et, faute de distributions, maraudaient. Les officiers se regardaient. Où allait-on ?

Cependant, dès le 23, deux escadrons de découverte apprenaient à Moltke le départ de Châlons pour Reims; le plan de jonction lui était révélé le 24, confirmé le 25 par les journaux de Paris et un télégramme de Londres, reproduisant un article français. Aussitôt le Prince Royal reçoit l'ordre de se resserrer, en appuyant à droite; les extrêmes pointes d'avant-garde du Prince de Saxe, qui vient d'échouer dans le bombardement de Toul et de Verdun, remontent au nord, longent l'Argonne.

Elles nous heurtaient le 26, au défilé de Grandpré; une brigade de Félix Douay s'effare; et tout le 7e corps.

soutenu par le 1er, s'apprête au combat, passe sur pied la nuit, tandis qu'à l'aube du 27 l'armée entière appuie, marche à son secours.

Avertiés par leurs cavaleries, dont le spectre seul jette un tel trouble, les deux armées allemandes entament alors leur vaste conversion, s'ébranlent définitivement vers le Nord. Moltke a relevé nos traces hésitantes ; reste à nous couper la voie, en nous devançant sur la Meuse. Le Prince de Saxe se hâte vers les ponts de Dun, de Stenay ; le Prince Royal détache les deux corps bavarois, emboîte le pas.

Avançons-nous au moins le 27 ?

L'armée apprend, chemin faisant vers le général Douay, la fausse alerte ; il faut rebrousser ces lourdes masses, et, péniblement, s'en revenir échouer aux campements du matin ; le 5e corps non sans s'être heurté à Buzancy à des escadrons ennemis, le 7e attendant encore sur la route, à onze heures du soir, des instructions.

Elles arrivent enfin, répandent partout la joie : on abandonne le mouvement vers Montmédy, au-devant de ce douteux Bazaine. On va rejoindre Mézières, puis Paris !... Et les quatre corps, comme allégés d'un pesant cauchemar, partent dans la nuit, d'un pas vif, en silence. On respire. Mais l'aube paraît, des galops sonnent. « Halte, halte ! » crie-t-on. Mac-Mahon s'est ravisé. Demi-tour. On reprend le mouvement vers Montmédy.

Que s'est-il passé ? Ceci :

Mac-Mahon a flairé le danger, l'approche des armées en chasse. Il se soucie peu de trouver les Allemands sur la Meuse, a déjà « trop attendu Bazaine dans l'Argonne ». Il prend son parti, le plus sage après tant de lenteurs : en route pour Paris !

Mais Paris, c'est-à-dire la Régente et Palikao protestent : abandonner Metz ! horreur, c'est la révolution. Napoléon cependant ne dit mot. Il a l'amère conscience de son néant. Fantôme de lui-même, encombrante dépouille, il erre à la suite de l'armée, traînant avec lui sa maison, ses voitures... « La boutique impériale, le boulet d'or », murmure-t-on au passage. Donc que le Maréchal agisse à sa guise ! il est libre... Et Mac-Mahon revire, déclare : « On veut que nous allions nous faire tuer, il faut obéir. »

Obéir ! à qui ? pourquoi ? Un commandant en chef ne relève que de sa conscience. Napoléon Ier l'a dit : « Tout général en chef qui se charge d'exécuter un plan qu'il trouve mauvais, est coupable ; il doit représenter ses motifs, insister pour que le plan soit changé, enfin donner sa démission plutôt que d'être l'instrument de la ruine de son armée. »

Jetons cependant un regard sur Metz.

Le 23 août, une dépêche de Reims annonçait à Bazaine le départ de l'armée de Châlons pour Montmédy. Le 26, le fourbe ordonne une grande sortie ; par une pluie torrentielle, l'armée du Rhin s'ébranle, abat ses tentes. Bazaine, lui, n'a pas touché à ses bagages ; il entend rester, et tandis que les troupes piétinent la boue, il réunit ses lieutenants au château de Grimont, tient conseil. « Pas de munitions ! » avance le chef de l'artillerie, Soleille ; et l'on en regorge. « Metz abandonné n'est pas défendable » affirme, à tort, le commandant de la place, Coffinières. Là-dessus, on décide de ne pas bouger, on se sépare. Les troupes rentrent en grommelant aux bivouacs, tournent le dos à leurs sauveurs.

De la dépêche de Reims, Bazaine n'a soufflé mot. Le tour est joué.

C'est ainsi que le 28, avec de tristes pressentiments, l'armée de Châlons s'enfonce, pour rien, dans l'impasse.

Sous la pluie funèbre, elle s'enchevêtre, reflue pour la dernière fois vers l'objectif toujours repris, abandonné, repris, ce mirage de Bazaine et de Metz, qui masque l'abîme. Le soir, harassés, trempés, les uns ont fait huit kilomètres, les autres quinze.

Et Moltke précipite l'élan de ses 200 000 limiers. Couverts par le rideau des uhlans, ils avancent, hardis, confiants dans leur victoire.

Mac-Mahon, sentant grossir le péril à droite, infléchit à gauche. Vite, franchir la Meuse au plus près, à Remilly, à Mouzon! Que le 30, il n'y ait plus personne sur la rive gauche! Ensuite, si l'on peut, on descendra vers l'Est, par Carignan... Et le 29, le 12e corps (Lebrun) couche sur la rive droite; Ducrot est à Raucourt, pourra traverser le lendemain. Mais, harcelé par les uhlans qui l'escortent à quelques centaines de mètres, s'arrêtent, repartent avec lui, le 7e (Félix Douay) reste en route, à Stonne; quant au 5e (Failly), qui n'a pas reçu d'ordres, — le porteur a été sabré, pris par les Allemands qui ont ainsi notre dispositif du jour, et suivent à livre ouvert, — il rencontre l'ennemi à Nouart et, canonné, pose des heures; enfin, averti de gagner Beaumont le soir, il n'y parvient que dans la nuit, en pleine débandade, et s'y laisse tomber, assommé de fatigue, sans même placer de grand'gardes, de vedettes.

DE FAILLY.

Donc, le 30, l'armée de Châlons est à cheval sur la Meuse, Lebrun, Ducrot et Margueritte déjà passés, Douay en route, Failly encore affalé à Beaumont, — une cuvette dominée par des bois profonds, à l'abri desquels Prussiens et Saxons avancent, s'amassent.

Les armes sont démontées, les chevaux à l'abreuvoir, les hommes aux corvées. Le général, à l'auberge, déjeune sans se soucier des avis venant de toutes parts. Subite-

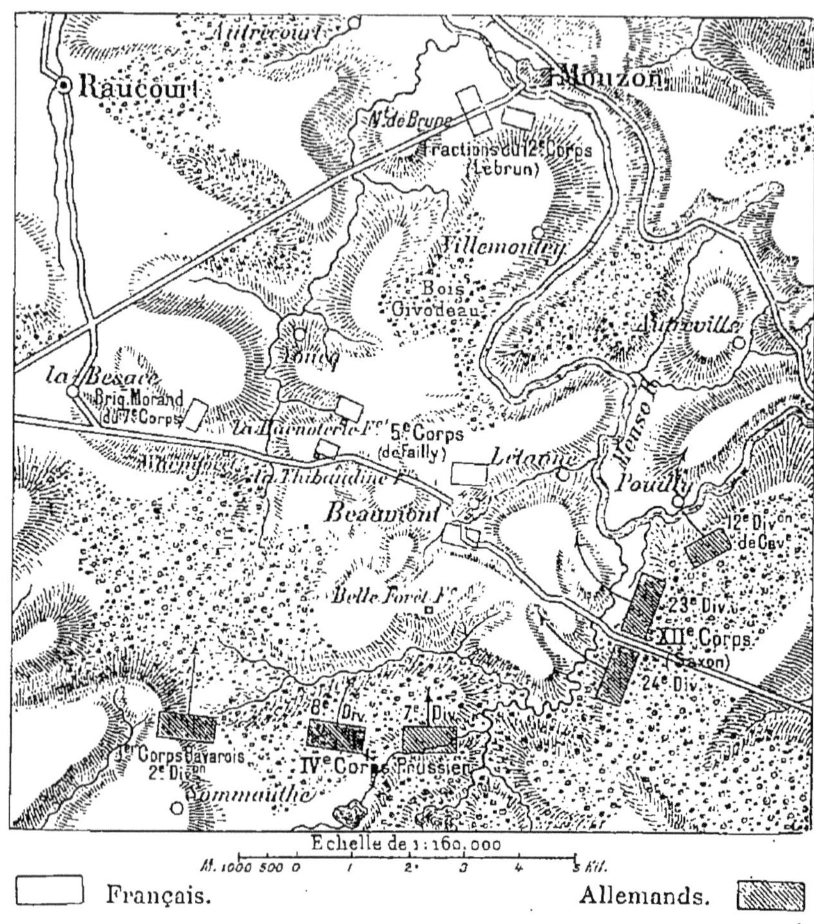

BATAILLE DE BEAUMONT (30 août).

ment, il est midi, les bois se déchirent, une nuée d'obus s'abat : panique inexprimable.

Les camps tourbillonnent. Une fuite éperdue emplit Beaumont, s'éparpille. En vain une poignée de héros, vite accrue, tient tête aux avant-gardes qui débouchent. Devant les débris de leurs régiments deux colonels se font tuer ; alors les divisions un instant ralliées lâchent pied. Beaumont qui brûle, l'immense matériel des camps, sept canons tombent aux vainqueurs.

Mais Failly a rejoint une de ses brigades, heureusement campée plus loin, sur une hauteur; malgré ce qu'on a pu recueillir d'artillerie, il faut reculer, devant le demi-cercle des 150 canons ennemis. Tandis qu'une brigade de Douay vient par hasard donner dans la bagarre et se fait battre à Warniforêt, ce qui reste du 5e corps est rejeté vers la Meuse. De front, le IVe corps d'Alvensleben, qui a engagé l'action, à droite le XIIe saxon, barrant jusqu'à la rivière, à gauche le Ier bavarois, poussent cette cohue, qu'une ligne de vaillants, à l'arrière-garde, protège. D'Yoncq au bois Givodeau, puis du mont de Brune à Villemontry, par deux fois la bataille se prolonge. Lebrun, des pentes de la rive droite, a beau tirailler, lancer sur la rive gauche deux brigades, de la cavalerie, le 5e cuirassiers se sacrifier presque entier, c'en est fait, tout le corps de Failly est hors de combat, perd 1800 hommes, 3000 prisonniers, 42 canons. Ce qui peut s'échapper, traverser à Mouzon, n'est plus troupe, mais troupeau.

Mac-Mahon n'apprend que tard l'étendue de la défaite. Il ne voit qu'un remède : gagner Sedan proche, sur la gauche, prendre haleine à l'abri de ses murs.

Et toute la nuit, avec un bruit d'écluses rompues, d'eaux grosses dans les ténèbres, l'armée de Châlons, battue avant l'action, clapote et descend, vers l'endroit marqué, vers le gouffre.

CHAPITRE VII

LE 31 AOUT : BAZEILLES. — LE 1er SEPTEMBRE : SEDAN. — LA CAPITULATION (2 septembre).

Comment la journée du 31 août fut des deux côtés employée, c'est un contraste qui saisit et attriste.

Moltke voit la dernière armée de la France rejetée en désordre contre une faible place, acculée à la frontière belge. Il lance aussitôt l'armée du Prince de Saxe, barrant le retour entre Meuse et Belgique. Il amorce les Bavarois devant Bazeilles, attire là toute l'attention de sa proie, hâte alors en liberté, derrière ce voile, le mouvement tournant du Prince Royal, qui déjà, de l'autre côté de Sedan, atteint la Meuse, va pouvoir couper, face au Prince de Saxe, entre rivière et frontière, le seul chemin de retraite qui reste encore, l'étroite route de Mézières...

Et nous?

L'état-major a gagné Sedan ; l'Empereur, malade, est à la sous-préfecture, triste garni aux plâtres neufs. Il s'y enferme pour gémir, crier à l'aise. Il est à bout de forces, depuis dix jours urine le sang... Quelle effrayante chute depuis juillet ! Tragique réveil de ce rêveur.

La veille au soir, le 12e corps (Lebrun), le plus solide, s'est établi à Bazeilles. Von der Tann, avec le Ier Bavarois, réussit à enlever le pont qu'on allait faire sauter, pénètre même dans le village ; il est repoussé, mais garde, barricade le viaduc, d'où il débouchera demain. Le 7e corps a traversé Sedan toute la nuit, est allé s'établir au nord. Le 5e, — à la tête duquel de Wimpffen, vieux et brave général arrivant d'Afrique, après avoir reçu, en passant à Paris, les instructions politiques de Palikao, vient à l'instant de remplacer Failly, — le 5e se couche à l'aube, au pied des remparts. Il n'en bougera plus, jusqu'à la capitulation. Le 1er, enfin, avec Ducrot, marche tout le jour, n'arrivera que tard à ses bivouacs de la Givonne.

LEBRUN.

Il faut dépeindre ce décor ensoleillé du drame, ce coin verdoyant et paisible : Sedan, ses maisons jaunes, ses remparts vieillots, la Meuse l'entourant, au Sud et à l'Ouest, d'un vaste demi-cercle d'inondations protectrices, que dominent sur la rive gauche, de Bazeilles où est Von der Tann, à Donchery où est le Prince Royal, les hauteurs boisées du Liry, de Pont-Maugis, de la Marfée. Au-dessus de la ville, le plateau triangulaire où se reforme l'armée, plateau abrupt, semé de fermes, couvert à demi par le bois de la Garenne, et longé, sur sa face nord par le ruisseau de Floing, sur sa face ouest par la Givonne qui se jette dans la Meuse à Bazeilles. Achevant d'encercler le tout, une autre ligne de hauteurs encore, le Hattoy, qui commande Floing (ruisseau et village), puis Saint-Menges, Fleigneux, La Chapelle, Haybes, La Moncelle. La Meuse, à hauteur de Saint-Menges fait un coude brusque à l'Ouest (c'est le défilé de Saint-Albert, l'unique route de retraite) puis, redescendant au Sud vers Donchery, elle enclave la presqu'île et le mont d'Iges, qui complète la menaçante ceinture vers laquelle courent les forces allemandes, tandis qu'au centre Mac-Mahon se consulte.

Il ne se rend pas bien compte, croit qu'il pourra toujours s'écouler, quand il voudra, du côté de Mézières où justement un nouveau corps, le 13e avec Vinoy, arrive le rejoindre. Au reste ses positions ne lui semblent pas mauvaises : sur le plateau, Douay fait face à Floing, ayant à sa gauche Bonnemains, à sa droite, au calvaire d'Illy, Margueritte; Ducrot surplombe la Givonne; et à Bazeilles, Lebrun tient solidement. Partout ailleurs, la Meuse. On peut se reposer, attendre là la bataille! On est en forces. Ces canons dont on voit, dans la journée, les hauteurs se couronner au-dessus de Bazeilles, et qui grondent, Mac-Mahon va jusqu'à les prendre pour les siens. Il déclare, en continuant à déjeuner tranquillement, à la *Croix d'Or* : « C'est notre propre artillerie... » Et, rassuré, il signe pour le lendemain, 1er septembre, cet ordre qui déconcerte : « Aujourd'hui, repos pour l'armée entière. » Les vainqueurs le retrouveront après la bataille, sur le corps d'un officier d'état-major.

L'aube ne s'est pas levée encore, et les premiers coups de fusils devant le 12e corps éclatent, tant la hâte des Allemands est grande ; le canon bavarois tonne dans le brouillard ; les fantassins de Von der Tann se sont glissés jusqu'à Bazeilles, surgissent avec des hurrahs sauvages. Mais les marsouins de Vassoigne ripostent, tirent dur ; le château Dorival, la villa Beurmann, le parc de Monvillers sont des forteresses en feu ; les habitants s'en mêlent, et déjà Bazeilles flambe, incendié par les assaillants en rage. Bien que les batteries des Saxons couronnent la Moncelle, bien qu'au feu de leurs soixante-douze pièces ils enlèvent le village où bravement se défendaient les recrues de Lacretelle, Lebrun qui contient les Bavarois, escompte le succès.

Au 1er corps, sur les divisions de Ducrot, massées au bord du plateau, une rafale d'obus grêle pourtant sans relâche, des hauteurs adverses; les régiments, cibles immobiles, sont criblés, décimés sur place. C'est le Prince de Saxe qui a juché son artillerie, de La Chapelle à La Moncelle, et précipite vers les fonds des nuées de tirailleurs; seule la division Lartigue, de l'autre côté de la Givonne, peut utilement tenir tête.

DUCROT.

Et en même temps, tandis qu'à gauche de Von der Tann le Ier bavarois garnit de canons, au-dessus de Sedan et de la Meuse, les hauteurs du Sud-Ouest, le Prince Royal débouche au Nord, par Donchery, pousse à travers bois ses avant-gardes, lance en pointe cavalerie et canons. Escadrons, batteries, sortent du défilé, galopent vers la croupe ronde du Hattoy, Saint-Menges, Fleigneux. Encore un élan et la IIIe armée donnera la main au Prince de Saxe. Les deux branches des tenailles vont se rejoindre, et sur tout le cercle 650 canons s'aligner d'heure en heure, river l'étau.

Le duc de Magenta, au bruit de la canonnade, est monté à cheval. Il arrive devant La Moncelle, reçoit, vers six heures, un éclat d'obus. Heureuse blessure, qui l'empêcha de garder le commandement. Il a semé, un autre récoltera.

Lequel? Wimpffen est plus ancien; mais, peu aimé du Maréchal, et en outre arrivé d'hier, il ne sait rien de la situation, de l'armée. Mac-Mahon désigne Ducrot.

L'ancien gouverneur de Strasbourg, homme entier, énergique, voit clair. La veille il prophétisait : « Nous allons être entourés comme des grillots. » Et, sans retard, il eût voulu quitter Sedan, filer vers Mézières... Il est prévenu vers sept heures du redoutable honneur qui lui incombe, en revient aussitôt à son idée : Mézières... S'il est trop tard déjà pour une belle retraite, bien ordonnée, il est temps peut-être encore, en sacrifiant une partie de l'armée, de sauver l'autre, gagner au pied, à travers bois, le long de la frontière. Autant d'échappés à la capitulation du soir, autant de soldats, d'officiers qui eussent grossi l'armée, les cadres de demain... Mais les minutes, ici, valaient des heures.

L'ordre de se concentrer sur le plateau d'Illy, pour de là gagner l'Ouest, commençait à s'exécuter. Déjà les divisions Pellé, L'Hériller remontaient vers Illy, Lebrun à contre-cœur reculait dans Bazeilles.

WIMPFFEN.

Soudain — il est huit heures et demie — Wimpffen tire de sa poche une lettre de commandement, signée de Palikao. Il s'est effacé d'abord devant Ducrot, mais il pense que le départ pour Mézières, c'est l'abandon des plans du ministre ; c'est aussi la perte de l'armée, son salut est du côté de Bazeilles. Lebrun n'y a-t-il pas l'avantage?... Wimpffen a confiance. Il déclare à l'Empereur : « Dans deux heures nous les aurons rejetés à la Meuse! » et à Lebrun : « Tu auras les honneurs de la journée. »

Il faut, en attendant, revenir d'où l'on est parti. Et c'est dans Bazeilles une fluctuation farouche. Mais les renforts bavarois et saxons grossissent, ils dépassent les haies de Monvillers, la villa Beurmann, la maison Bourgeois où l'héroïque commandant Lambert se défend jusqu'aux dernières cartouches. Tout le village flambe, méthodiquement incendié, brasier énorme où le féroce vainqueur égorge pêle-mêle, grille habitants et soldats. Il se répand une horrible « odeur d'oignons brûlés », comme disait Bismarck agréablement, le soir. Les marsouins sont rejetés sur Balan, où s'entasse déjà Lacretelle.

Au 1er corps, Lartigue a dû repasser la Givonne, la Garde prussienne enlève le village, y capture 10 canons, tandis que des hauteurs d'Haybes, de Villers-Cernay, elle écrase du feu de ses 14 batteries, la division Wolf qui entre s'abriter dans le bois de la Garenne, les divisions Pellé et L'Hériller, revenant d'Illy.

FÉLIX DOUAY.

Sur la face nord du plateau, Douay avec le 7e, pris à revers par le mont d'Iges, est en pleine lutte. Derrière les batteries de Saint-Menges à Fleigneux, tonnant de front, et qu'une charge de la division Margueritte (brigade Galliffet) a vainement essayé d'atteindre, le Prince Royal amasse ses bataillons. Il en débouche d'autres, sans cesse, par le défilé de Saint-Albert. Floing est enlevé. De tous les coins de l'horizon, la mitraille converge sur l'étroit plateau, à peine long de deux lieues, large d'une, où l'armée de Châlons se débat, prise au piège. Un orage d'obus tournoie dans le ciel bleu.

L'Empereur, comme un somnambule, erre dans cette tourmente. Il s'est hissé à cheval, s'y cramponne. Il laisse ses officiers au bas d'un tertre, reste là longtemps, regardant sans voir. Mais la mort qu'il cherche ne veut pas de lui, et pâle, sans mot dire, il rentre à Sedan où déjà se bousculent 30 000 fuyards. Cependant, sur les hauteurs de la Marfée, comme d'une loge de théâtre, un groupe doré, immobile, contemplait cela : c'était, en avant d'un état-major de princes, le vieux Guillaume et

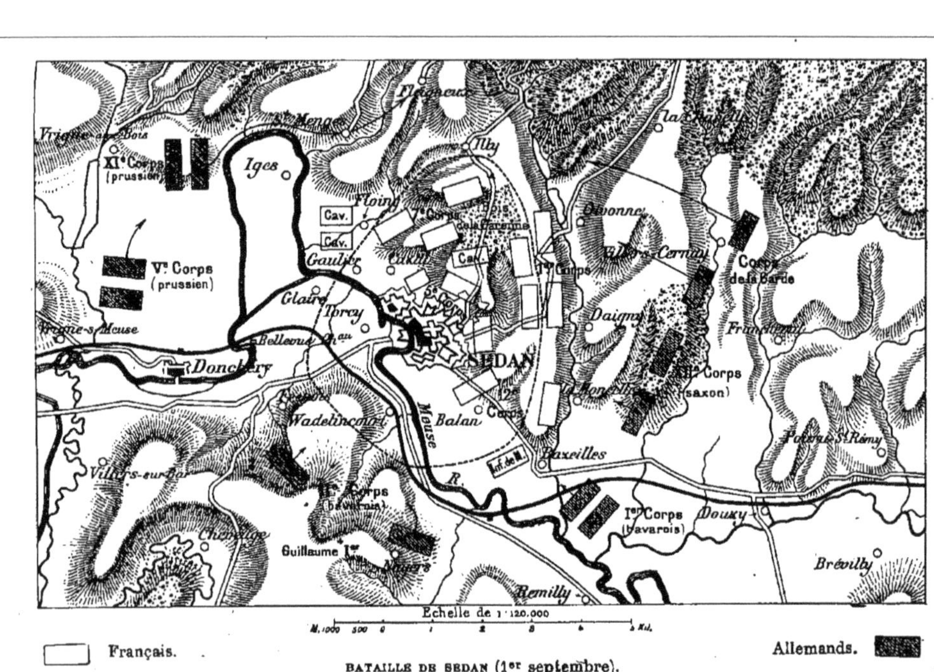

Français. Allemands.

BATAILLE DE SEDAN (1er septembre).

Les flèches indiquent le mouvement tournant des Allemands pour enfermer l'armée française. Le cercle ponctué indique la position des Allemands à la fin de la bataille.

ses conseillers, Bismarck, Moltke, Roon qui, lorgnettes braquées, assistaient joyeux à la curée.

Il y a huit heures qu'on se bat, sans direction. Il est bientôt midi. Douay, qui n'a plus de réserves, voudrait que Ducrot fît occuper Illy, et Lebrun, rompu, voudrait que Douay lui envoyât du renfort ! Sur tout le plateau s'enchevêtre un inextricable chaos de troupes en tous sens, prêtes à se débander, ou l'étant déjà. Le bois de la Garenne en regorge. La division Margueritte le traverse sous une rafale d'obus — le général Tilliard fut tué là, — et, de place en place, en bon ordre, cherche l'endroit le moins meurtrier. Cependant huit compagnies prussiennes vont enlever Illy ; et, sur la crête de Floing, Douay faiblit. L'admirable division Liébert, foudroyée de flanc, de face, est à bout. Déjà les mousquetaires allemands montent à l'assaut ; du défilé de Saint-Albert, le flot noir des bataillons dégorge toujours.

L'heure est suprême.

Wimpffen donne à Ducrot l'ordre de réunir ce qu'il pourra de troupes de toutes armes, de se maintenir ; puis, courant vers Balan, il constate une accalmie : les Bavarois, vainqueurs, soufflent. Le voilà repris de son assurance. Il prévient Douay qu'il se « décide à percer l'ennemi, pour aller à Carignan prendre la direction de Montmédy ! » Il écrit à l'Empereur de venir « se mettre au milieu de ses troupes, elles lui ouvriront le passage... » Rêves d'agonisant.

Cependant Ducrot a fait appel à la division Margueritte. Pour donner à l'infanterie le temps de se reformer, elle va charger, dans la fournaise de Floing... C'est le sacrifice entier, inefficace. Margueritte, en allant reconnaître son terrain, est blessé à mort, lance du geste ses escadrons. Pour venger leur chef, et bien mourir, par trois fois chasseurs d'Afrique, hussards et chasseurs de France s'élancent, se rallient, repartent. Ils vont s'engouffrer sur les pentes rapides, à travers l'ouragan des balles. Les petits chevaux arabes jonchent le sol de leurs tas blancs. La moitié de la division est tombée pour ne plus se relever, le reste tournoie épars. A Ducrot qui lui demande de charger encore, le général de Galliffet répond : « Tant que vous voudrez, mon général, tant qu'il en restera un ! » Et sur la pointe de la Marfée, Guillaume s'écrie, devant l'inutile et glorieuse chevauchée : « Oh les braves gens ! »

MARGUERITTE.

Les Prussiens tiennent maintenant la crête de Floing, emportent le calvaire d'Illy, malgré Douay qui, furieux, s'y est jeté en désespéré. Ils enserrent le bois de la Garenne. De toutes parts on fuit l'affreux plateau. On se rue vers Sedan, où dans les fossés, dans les rues, la cohue s'écrase. Une première fois, Napoléon, vers deux heures et demie, a fait arborer le drapeau blanc, abattu aussitôt. Il envoyait en même temps Lebrun à Wimpffen, pour lui faire signer une demande d'armistice. Mais Wimpffen, fou de douleur, court à la recherche de quelques braves. Percer ! Il faut percer quand même !... Avec Lebrun et quelques généraux, il entraîne 2000 hommes au delà de Balan, va se briser enfin contre les Bavarois. Une poignée de cuirassiers à la même heure essayait de trouer, du côté de Cazal.

GALLIFFET.

Mais tout est dit, 17 000 tués ou blessés français jonchent le plateau, les ambulances. Les Prussiens sont aux portes. Le cercle de feu se resserre, concentré sur Sedan, bombarde ce château de cartes, cette foule misérable qui ce matin encore était l'armée de Châlons.

Le drapeau blanc flotte pour la seconde fois. Napoléon envoie rendre à Guillaume son épée. Le canon cesse. Et pour célébrer leur étonnante victoire, au pied des palissades, Prussiens, Bavarois et Saxons se serrent la main, entonnent gravement des lieds. Ils n'avaient à pleurer que 460 officiers et 8 500 soldats.

Wimpffen le lendemain 2 septembre signe la capitulation.

La France perdait, avec son Empereur, 124 000 hommes, dont 21 000 pris dans la bataille et 3 000 désarmés en Belgique. Le reste fut parqué dans l'affreux camp d'Iges, gagna peu à peu l'Allemagne. Une aigle, deux drapeaux, 419 pièces de campagne, 139 de siège, 6 000 chevaux valides, sans parler d'un matériel innombrable, tel était le butin. Et ce n'était rien encore, au prix du reste : cette profondeur morale de la catatrosphe, où avec le régime l'Europe crut voir la nation sombrer.

SECONDE PARTIE

DE LA PROCLAMATION DE LA RÉPUBLIQUE AU 4 DÉCEMBRE

CHAPITRE VIII

Le 4 Septembre a Paris. — L'Invasion. — Chatillon. — Entrevue de Ferrières (19 et 20 septembre).

La France, du coup dont elle touchait le fond, rebondit. Il semblait en effet que la guerre fût finie : elle commençait.

En même temps que Guillaume parcourait ses bivouacs, aux acclamations de sa victorieuse armée, et que Napoléon, comme une ombre, s'évanouissait vers quelque château de prison, puis d'exil, la Capitale, le Pays s'affranchissaient d'eux-mêmes de cet empire que sa légèreté, son incurie venaient de conduire au gouffre, non sans faillir y entraîner tout.

A peine éclatait la foudroyante nouvelle de Sedan, le 4 Septembre, que Paris envahissait l'Hôtel de Ville, et la Chambre qui, bouleversée, se consultait encore. Mais la volonté populaire, comme un flot irrésistible, balaya tout : Gambetta proclamait la République, et le ministère Palikao, le Corps législatif, le Sénat soudain disparurent, dans la plus pacifique des révolutions. Un soleil magnifique, un ciel bleu illuminaient ce dimanche d'espoir, la ville en fête où partout on abattait les aigles, tandis que l'Impératrice fuyait les Tuileries désertées, gagnait l'Angleterre, et qu'à l'Hôtel de Ville bourdonnant, un gouvernement provisoire se levait du sein du peuple.

LE FLÔ.

C'était la députation même de Paris, moins Thiers qui s'abstint, et plus Trochu, gouverneur militaire, auquel on offrit la présidence.

Jules Favre aux Affaires étrangères, Gambetta à l'Intérieur, Jules Simon à l'Instruction publique, Ernest Picard aux Finances, Dorian aux Travaux publics, Crémieux à la Justice, Magnin à l'Agriculture et au Commerce, le général Le Flô à la Guerre et l'amiral Fourichon à la Marine; Garnier-Pagès, Emmanuel Arago, Eugène Pelletan, Glais-Bizoin et Henri Rochefort sans portefeuilles, Jules Ferry préfet de la Seine, le vieil Étienne Arago, maire de Paris, tels étaient les hommes, en partie républicains nouveaux, en partie survivants de 1848, qui, appartenant presque tous au barreau, assumaient à cette heure solennelle la direction de l'État.

AMIRAL FOURICHON.

Gambetta en province, Jules Favre et Trochu à Paris, sont les protagonistes de ce gouvernement, qui noblement se définit lui-même, « non le gouvernement d'un parti, mais le gouvernement de la Défense Nationale.

Nous ne sommes pas au pouvoir, disaient-ils, mais au combat. » Et ils rappelaient encore les souvenirs de 1792. « Aujourd'hui comme alors, le nom de République veut dire : Union intime de l'Armée et du Peuple pour la défense de la Patrie... Que chaque Français reçoive ou prenne un fusil, écrit Gambetta aux préfets, et qu'il se mette à la disposition de l'autorité. *La Patrie est en danger !* »... Un décret, que les événements rapportaient presque aussitôt, fixait au 16 octobre les élections d'une Assemblée nationale constituante. La botte allemande renversa les urnes.

En attendant, on jurait de ne céder jamais « ni un pouce de notre territoire, ni une pierre de nos forteresses ». Et certes, il n'a pas dépendu du grand cœur de Gambetta que cette parole ne fût tenue.

Moment terrible. Tout est à créer, et sur-le-champ. Or, si la nation est secouée, parcourue d'élans qui, cinq mois durant, vont attester sa vitalité profonde et ses vieilles vertus guerrières, si plus de 600 000 hommes sont par Gambetta successivement armés, jetés à l'ennemi, la masse du pays, dissolue par l'Empire, pénétrée d'un goût croissant de luxe et de lucre, n'en est pas moins hostile, non à l'Allemand, mais à se défendre contre l'Allemand. Les campagnes, enrichies de la veille, ne songeront bientôt qu'à voir cesser le sanglant cauchemar. On est, en province, jaloux de Paris ; on y supporte assez mal ce gouvernement où la Capitale seule est représentée ; partout, c'est le désarroi, la surprise des partis : la plupart doutent de l'efficacité de la résistance, songent moins aux moyens de prolonger la guerre qu'à ceux d'accommoder la paix à leur goût personnel : orléaniste, bonapartiste ou royaliste. La République, ardemment servie par quelques-uns, est suspecte à beaucoup, travaillée elle-même de ferments révolutionnaires. Marseille, Lyon ont des tendances séparatistes. Une « Ligue du Midi » s'ébauche.

Paris enfin, ce grand Paris, son peuple admirable, ses ressources infinies, sa foi ardente, la bonne volonté de ses maîtres, tout cela ne se galvanise également qu'à demi, non point manque d'hommes, ici, mais d'un homme. Cependant la grandeur de cette lutte improvisée, qui de septembre à janvier se déroule, est telle que le monde s'étonne, gardera, pour la vaincue, crainte et respect. « Aucune nation, avoue ensuite un général allemand, n'aurait été capable de faire ce que la France a fait. »

Suivons ces fastes qui en dépit de tant de revers restèrent héroïques, et où, comme les soldats de l'armée impériale, les volontaires et les recrues de la République se montrèrent dignes d'un meilleur destin. Il nous faudra souvent passer d'un théâtre d'opérations à l'autre, car toute la guerre est là, dans cette dispersion d'efforts, cette dualité de la lente Province, convergeant vers Paris, sous l'énergique élan de Gambetta, et de Paris ardemment tourné vers la Province, mais tenu en bride, aux mains hésitantes de Trochu et de Favre.

Le Président du Gouvernement, généralissime, était pourtant un officier d'état-major des plus brillants; sang-froid, bravoure, intelligence ornée, sens critique le plus fin, rien ne lui manque pour être en temps ordinaire un citoyen modèle, et tout, pour être l'homme d'action militaire qu'exigeaient ces temps troublés. Il est la sagesse, le désintéressement, mais aussi, sous des dehors modestes, la présomption en personne. Où il faudrait de l'énergie matérielle, il ne rêve que force morale, celle dont lui semblent pleins ses discours et ses écrits. Car il est l'auteur d'un livre célèbre sur les vices de l'armée française en 1867, et demeure en 1870 magister bavard, intarissable. Il est bien à sa place à la tête du Conseil, c'est l'avocat général.

Défauts de nature qui n'eussent été que des ridicules, si ce Breton mystique avait eu seulement foi. Mais d'avance il se vit battu, et c'était le plus sûr moyen de l'être. Il s'obstinait à désespérer de Paris, espérait par contre en sainte Geneviève, patronne de Lutèce. « On ne tiendra pas quinze jours », pensait-il, et de quinzaine en quinzaine il attendait, avec une éloquente résignation, l'instant de choir. Et ce chrétien qui pas une fois ne songea au précepte « Aide-toi, le ciel t'aidera », ce brave soldat, ce sage intègre fut un homme funeste.

TROCHU.

Paris cependant s'apprêtait. Par les soins du ministère Palikao, des approvisionnements considérables avaient été amassés, des parcs à bestiaux établis dans les jardins et sur les talus des fortifications ; 200 pièces de gros calibre, venues des côtes, complétaient l'innombrable armement de l'enceinte et de sa ceinture de forts ; 14 000 marins, troupe dévouée et solide, y servaient comme à bord, tandis que dans la banlieue immédiate et les murs, une armée immense, qui devait comprendre plus de 650 000 hommes, s'organisait.

Un seul corps était alors en entier, le 13e, que Vinoy, par une habile retraite, avait su ramener de Mézières, échappant, après le désastre de Sedan, à la poursuite du IVe corps prussien et de deux divisions de cavalerie. Au 13e figuraient les deux seuls régiments qui survécussent de l'ancienne armée, orgueil de Lebœuf et de Napoléon, aujourd'hui toute dans les prisons d'Allemagne ou la geôle de Metz. Le 14e corps, — général Renault, un vétéran d'Afrique, — se formait à peine.

Trochu choisit comme général en chef son ami, l'énergique Ducrot qui, évadé de Sedan, lui parut, quoique moins ancien que le brave Vinoy, plus qualifié ; et dès le début, l'unité de commandement clocha.

En dehors des lignards qui ne s'élevèrent pas à plus de 80 000 hommes, environ 115 000 mobiles moins aguerris encore, tant de la Seine que de tous les départements, entraient en compte. Ils avaient la faculté, abus qu'on supprima bientôt, d'élire leurs chefs. Et sans doute beaucoup étaient novices, fainéants, indisciplinés, car on s'en était remis jusque-là aux troupes de métier, et l'on ne peut en un jour s'improviser soldat ! Sans doute tous étaient, non sans quelque raison, suspects aux généraux, car, vieux et sortant des rangs ou de leur retraite, ceux-ci ne pouvaient se faire à ces événements imprévus et à ces hommes nouveaux. Il y avait pourtant là des éléments excellents, qui demeurèrent inutilisés.

Mais c'est dans la garde nationale, plus encore que dans la mobile, qu'on vit grandir le déplorable malentendu. « Elle comprenait d'abord 60 bataillons, animés du meilleur esprit (1); elle finit par compter 283 bataillons ou 344 000 hommes, et ne fut plus qu'une cohue, où se trouvaient des enfants et des vieillards, des vagabonds, des repris de justice. » Pourtant cette cohue, que pendant tout le siège un brûlant désir d'activité dévora en pure perte, est la même qui sous la Commune se battit avec tant de bravoure. Nul doute qu'employée, aguerrie, disciplinée dès le début, elle n'eût été, contre les Prussiens, la force

(1) Chuquet, *La Guerre de 1870-71.*

redoutable qu'elle devait se montrer, contre des Français, trois mois après. Au reste, les quelques régiments de gardes nationaux *mobilisés*, qui, de vingt-cinq à quarante ans, furent prélevés à raison de quatre compagnies par bataillon, surent prouver, à Buzenval, ce qu'on pouvait, ce qu'on devait attendre de Paris.

Ainsi l'énorme ville, où une foule de corps francs s'assemblaient encore, bouillonnait dans une agitation confuse. On se préparait au siège, sans que la plupart crussent à sa durée, et plusieurs à sa possibilité même.

Déjà les Allemands étaient aux portes.

L'armée de la Meuse et la IIIe armée, dès le 3 septembre, avaient reçu les ordres de marche et s'étaient aussitôt ébranlées, sur un très vaste front. Si, le 5, Montmédy repoussait un coup de main, le 4, le VIe corps allemand était entré à Reims sans défense, et, le 8, Laon et sa citadelle capitulaient sans avoir tiré un seul coup de canon, — si bien que le garde d'artillerie Henriot, révolté, faisait, à l'entrée du grand-duc de Mecklembourg, sauter la poudrière, dont l'explosion tuait plus de 100 ennemis, avec 300 des nôtres. Du 17 au 19 septembre enfin, le Prince Royal et le prince de Saxe arrivaient, et sur un immense cercle de 80 kilomètres établissaient audacieusement leur frêle cordon d'investissement, au début 122660 hommes seulement, avec 24325 chevaux et 622 canons.

En vain, de la hauteur de Châtillon, Ducrot avec le 14e corps essayait-il de tomber sur le flanc du Ve corps prussien et du IIe bavarois, qui longeaient la Bièvre, gagnaient Versailles. Aux premiers obus, nos recrues, zouaves seulement par l'habit, lâchaient pied, fuyaient dans une affreuse panique jusqu'aux portes, jusqu'à travers les rues. L'artillerie avait beau vaillamment tenir tête et le 15e de marche résister des heures au Plessis-Piquet, les divisions Caussade et Maussion pliaient, l'une quittant Bagneux, et l'autre rentrant de son chef à Paris. Ducrot désespéré, ne recevant ni munitions ni renforts, dut évacuer le plateau. Trochu fit du coup abandonner toutes les redoutes extérieures, ébauchées à peine, et sauter les ponts. Excessive prudence. On ne garda que les ponts d'Asnières et de Neuilly, les forts et le mont Valérien.

JULES FAVRE.

Le soir même, l'armée du Prince Royal de Saxe était campée, au nord, de Saint-Germain à la Marne, et se reliait entre Marne et Seine, par la division wurtembergeoise, à l'armée du Prince Royal. Celle-ci barrait de Choisy-le-Roi à Bougival, occupait les hauteurs de Châtillon, de Clamart, de Meudon, positions inestimables conquises presque sans combat, et d'où elle dominait les forts du sud.

Quelques jours avant, le Gouvernement avait délégué à Tours trois de ses membres, Crémieux, l'amiral Fourichon et Glais-Bizoin, pour organiser la défense en province, maintenir les relations avec les puissances étrangères. En même temps Thiers, ambassadeur officieux, parcourait l'Europe, cherchant en vain de Londres à Saint-Pétersbourg, de Vienne à Florence, à réchauffer des sympathies glacées par le malheur.

La France n'avait plus à compter que sur elle.

Jules Favre venait, en effet, de se heurter (19-20 septembre), dans une entrevue à Ferrières, aux exigences voraces de Bismarck. Le Chancelier de fer n'imposait rien moins, avant tout armistice, que ces conditions inacceptables, tant qu'il y aurait des soldats et des armes : reddition de Bitche, Toul, Strasbourg, la garnison de cette dernière prisonnière de guerre, l'occupation d'un fort de Paris, les hostilités continuées devant Metz ! C'était demander, tout cru, l'Alsace-Lorraine. C'était déchaîner à nouveau le formidable inconnu de la guerre, la véritable cette fois, aussi légitime qu'avait été absurde l'autre ! Guerre de la Patrie envahie, guerre sainte.

CHAPITRE IX

Siège et capitulation de Strasbourg (11 août au 27 septembre). — Paris jusqu'au 30 octobre. — Les premières sorties. — Perte du Bourget (30 octobre).

A cette fin de septembre, où une seconde phase vient de s'ouvrir, quel est le tableau de la France ? Jusqu'au cœur de la nation, l'invasion allemande s'est répandue ; elle entoure et bat les murs de Paris, elle couvre en arrière tout l'Est : un quart des départements gémit sous des préfets teutons ; l'Alsace et la Lorraine sont des gouvernements généraux; un autre se forme à Reims et englobe les départements de l'Aisne, des Ardennes, de la Marne, de Seine-et-Marne, de l'Aube et de Seine-et-Oise. Çà et là, comme des îlots en pleine mer, quelques places tiennent encore. Si Marsal s'est depuis longtemps et trop vite rendue, Bitche, Verdun, Phalsbourg arborent toujours fièrement les trois couleurs. Toul en flammes, qui a résisté à deux coups de main et à deux bombardements, vient seulement de succomber, le 23, devant le XIIIe corps d'armée allemand, grand-duc de Mecklembourg-Schwérin, devenu disponible. Il était primitivement chargé de la défense des côtes, sur la Baltique! Avec 2000 hommes de garnison (conscrits d'un dépôt, gardes nationaux, gendarmes) et pas un canonnier, ni un sapeur du génie, Toul avait retenu l'ennemi 40 jours, et reçu 12000 obus.

Cependant, sur la frontière alsacienne et sur la frontière lorraine, Strasbourg et Metz en détresse sont restées debout, enchaînant autour d'elles des masses compactes. Mais la dernière heure de l'une est sur le point de sonner, et les jours de l'autre sont comptés.

Au lendemain de Wœrth, à peine les derniers des 4 000 fuyards de Mac-Mahon étaient-ils venus grossir la troupe hétéroclite de ses 13 000 défenseurs (lignards, recrues de quatre dépôts, lanciers, mobiles, pontonniers, marins), Strasbourg voyait, le 11 août, apparaître la division badoise, renforcée bientôt par la garnison de Rastadt, la landwehr de la Garde et la 1re division de réserve : 60 000 hommes, sous Werder. Pas d'ouvrages avancés, pas de casemates, de mauvais blindages aux vieux et beaux remparts de Vauban, et comme effectif du génie en cette place de guerre de 85 000 âmes, 8 soldats, 8 sous-officiers, et 5 officiers, dont le directeur des fortifications ! Le gouverneur est le général Uhrich, rappelé du cadre de réserve.

UHRICH.

Les Allemands, le soir du 15 août, ouvraient le feu, et de l'ironique salut d'une salve de vingt et un coups, fêtaient à notre place, contre nous, le dérisoire anniversaire impérial ! Le 16, ils dispersaient une forte reconnaissance du colonel Fiévet, qui, mortellement blessé, perdait trois canons. La nuit du 23 enfin, désireux de brusquer, Werder commençait le bombardement. On voit alors cette chose étonnante, depuis les Barbares inconnue : ce n'est ni contre les remparts, ni contre la garnison que les obus font rage, mais sur la ville innocente, sur les femmes, les enfants, les vieillards, sur les précieux musées, les bibliothèques, les églises, les temples, sur l'inestimable cathédrale, legs et joyau des temps !

L'Allemagne, pour la conquérir plus vite, écrase Strasbourg, ville-sœur, et plus qu'à demi germanique, quoique si française d'âme! Mœurs de guerre oubliées dont le XIXe siècle frémit! Inauguration d'une tactique nouvelle.

Et les nuits des 24, 25, 26 et 27 août se succèdent en trombes de fer et de feu. Les rues noires resplendissent, tout le ciel s'empourpre, le cri des guetteurs ininterrompu s'élève : le feu au musée! le feu à l'arsenal, le feu à la Bibliothèque, au Temple-Neuf, au Palais de Justice! Le feu rue de la Mésange, rue du Dôme, rue de la Nuée-Bleue! Et le Broglie et l'Hôtel de Ville s'embrasaient aussi et, sur cette nappe écarlate, la cathédrale criblée s'incendiait à son tour, flambait de tout son immense toit de métal.

Dès lors, bien que Werder (*Mörder*, l'assassin, comme les Strasbourgeois disaient), s'étant convaincu que la terreur ne suffisait pas à forcer cette population héroïque, se fût résigné à entreprendre un siège militaire en règle, le feu sur la ville ne s'éteignit plus. Et des trains de plaisir pour « amateurs de feux d'artifice », des chariots réquisitionnés à Kehl amenèrent au bord du Rhin les dilettantes de pareils spectacles. On vint de loin voir brûler « *die wunderschöne Stadt* (1) » ; l'Allemagne exultait. Des épîtres enthousiastes de Berthold Auerbach, romancier champêtre, célébrèrent sur place la grandeur de ces destructions sauvages, la rouge auréole dont se nimbaient princes et généraux. Un autre déclarait que sans doute « la France était pleine de charmes, de finesse, de beauté, mais qu'il fallait une bonne fois serrer ses doigts délicats, jusqu'à ce que le sang jaillisse de ses petits ongles roses ».

(1) « La ville merveilleuse » (*chanson populaire*).

Et tandis que le voile de fumée se déroulait toujours, tandis que les habitants souffraient au fond des caves, ou passaient, stoïques, à travers des rues de décombres, tandis que 10 000 pauvres sans toit ni pain erraient d'abri en abri, jusque dans les égouts, tandis que le Jardin botanique regorgeait de morts, exhalait une odeur pestilentielle, — les parallèles du siège se poursuivaient. Le 2 septembre une sortie était repoussée. Le 11 septembre, l'intervention des délégués suisses — noble élan humain de ce petit peuple réalisant ce que de plus grands n'osaient — apportait à tous des nouvelles, l'air du dehors, à 3 000 ou 4 000 parmi les plus faibles, des saufs-conduits.

Femmes, enfants, vieillards, quelques bouches inutiles purent s'éloigner. Et la dalle retomba plus lourde. En vain au maire Humann succédait le bon docteur Küss. En vain le 19 septembre, après plusieurs tentatives, le préfet de la république, Edmond Valentin, l'ancien député de 48, réussissait à pénétrer dans la ville, en héros. Il avait franchi à la brune les lignes ennemies, et, sous les balles, rampé dans les champs, traversé l'Ill à la nage, atteint le parapet. A leur tour, les fusils français le couchent en joue, on l'empoigne, on l'enferme, il n'est conduit qu'à l'aube au quartier général : « Annoncez le préfet du Bas-Rhin ! » dit-il. Et tirant de sa manche déchirée le décret qui le nomme, il le tend à Uhrich.

Mais que pouvaient les meilleures volontés à cette heure où le flot des événements, déchaîné par des causes sans remède, emportait tout ? Une à une, les lunettes extérieures étaient prises ; le 22, l'attaque couronnait le glacis, battait en brèche les bastions. Déjà le 18, Uhrich, attendri par les souffrances de la ville, songeait à capituler ; seules les protestations du conseil de défense l'avaient retenu. Le 27 enfin, devant la brèche pratiquée au corps de place, devant l'horreur imminente de l'assaut, le Gouverneur prend le parti suprême. Les trois couleurs sont amenées aux cris, aux feux de joie d'alentour, le drapeau blanc flotte sur la cathédrale. Une courte émeute bouillonne, puis s'apaise. Soubresauts de la ville expirante. Et le lendemain, 500 officiers, 17 000 hommes défilent, prisonniers de guerre, Exelmans, Barral, Uhrich en tête. Werder met pied à terre pour embrasser le vaincu, le féliciter de sa longue résistance. Derrière les artilleurs et les marins, résignés et graves, le reste de la garnison, « ivre de vin et de rage », coule en désordre, brise ses armes ou les jette dans les fossés.

Il en restait encore. 1 200 canons et plus de 200 000 fusils, sabres, pistolets, tombent, avec Strasbourg, aux mains du vainqueur. 448 bâtiments détruits, 2 800 habitants tués ou blessés, — alors que la garnison n'avait perdu que 2 500 hommes — témoignaient assez haut du triste prix de la victoire.

La chute de Strasbourg, si elle retentissait au cœur de Paris, ne parvint pas à l'ébranler. On voila de crêpe la statue couverte de couronnes votives, et avec une activité fébrile le Commerce continua à fondre des canons, des mitrailleuses, à fabriquer des affûts, des chassepots, de la poudre, des cartouches. On transforme les vieux fusils, les pavés des rues s'entassent en barricades. Travail plus sérieux : on achève de fortifier et d'armer l'enceinte. Une commission des subsistances s'organise, — tardivement il est vrai, mais on se persuadait seulement de la réalité du siège! — réquisitionne blés et farines. Et de faibles sorties se succèdent, montrent à trop longs intervalles, à défaut de la hardiesse du commandement supérieur, la bravoure et l'entrain des troupes.

Le 22 et le 23 septembre ont eu lieu les combats heureux de Villejuif; on a repris, sans grand mal, les redoutes des Hautes-Bruyères et du Moulin Sacquet, si déplorablement abandonnées par Trochu, après Châtillon. Ainsi les forts de Vanves et de Montrouge seront couverts et Bicêtre, Ivry, Bercy, le faubourg Saint-Antoine et l'Hôtel de Ville à l'abri du bombardement, auquel les exposait cette reculade injustifiée.

Le 30 septembre, c'est une grande reconnaissance offensive du 13e corps et de Vinoy, dans la direction de Choisy ; objectif : la destruction d'un pont qu'on y supposait établi. Mais à Thiais et à L'Hay viennent se briser les brigades Blaise et Dumoulin ; et le général Guilhem tombe devant Chevilly, dont les premières maisons seules sont enlevées. Le VIe corps prussien, des fractions du IIe bavarois barrent tout chemin. Trochu défend d'engager les réserves, satisfait pourvu que la retraite s'exécute « en bon ordre ».

VINOY.

Le 13 octobre, nouvelle démonstration, sur Bagneux et Châtillon. Comme la dernière fois, longue canonnade des forts, servant moins à appuyer notre mouvement qu'à avertir l'ennemi. Et les mobiles de l'Aube et de la Côte-d'Or s'emparent de Bagneux, où sur la dernière barricade est tué le commandant de Dampierre, criant encore : « En avant ! » Mais impossible de déboucher. De même, à Châtillon, les Bavarois d'Hartmann arrêtent l'élan de la brigade Susbielle, et Vinoy, sur l'ordre de Trochu, doit reculer, abandonner Bagneux.

Le 21 octobre, au tour de Ducrot ; il lance une pointe sur la Malmaison. Les zouaves de Châtillon y prennent une éclatante revanche, luttent héroïquement dans le parc. Et c'est l'habituel bilan : succès d'avant-postes, arrêt sur la ligne de résistance, puis retraite. Petites opérations sans vrai but, qui tenaient l'espoir en haleine.

Trochu, s'il n'avait dépendu que de lui, s'en fût tenu là. Sans la moindre confiance dans des troupes qu'une énergique discipline et de perpétuels combats eussent seuls aguerries, il demeurait fâcheusement impressionné par le petit mouvement insurrectionnel (8 octobre) des bataillons rouges de Gustave Flourens et tandis que l'inaction rongeait ces foules, et que rue de la Corderie, centre de l'Association internationale des travailleurs et des fédérations ouvrières, les cerveaux s'exaltaient d'une fièvre patriotique, l'Hôtel de Ville décrétait, dissertait, discutait. La formidable cité, base unique d'opérations d'où l'on pouvait rayonner contre un ennemi moins nombreux et dispersé, réclamait en vain une trouée. Les meilleurs esprits priaient qu'on ne laissât point l'investisseur s'implanter à son aise, river plus fortement chaque jour son redoutable cercle fortifié; ils suppliaient qu'on fît brèche sur un point, tout au moins qu'on assiégeât, sans retard et sans cesse, les assiégeants; 300 000 travailleurs eussent pu remuer la terre, les forcer dans leurs lignes, au lieu de monter au rempart ces gardes insoucieuses, avec deux heures de faction sur vingt-quatre et le reste en flâneries le long des tentes, en sommeils ou en parties de cartes ou de bouchon, en tournées chez le marchand de vin.

Les heures se passaient en discours.

Aussi, lorsque le 28 octobre la fusillade crépita au Bourget où les francs-tireurs de la Presse surprenaient, bousculaient les grand'gardes prussiennes, Trochu apprit-il sans plaisir ce hardi coup de main du commandant de Saint-Denis, le général Carrey de Bellemare. Le Bourget, selon l'expression allemande, « tête de pont des plus favorables » et que deux mois plus tard, se donnant à lui-même un éclatant démenti, Trochu devait inutilement essayer de reprendre après un combat sanglant, le Bourget lui semblait alors « trop en flèche » et « de nulle importance stratégique ». Il ne s'émut donc pas outre mesure, le 30 octobre, à la nouvelle que cette position, destinée à être si chèrement disputée en décembre, retombait aux mains de l'ennemi.

Dès le 28, un bataillon prussien en avait tenté la reprise, et le 29, trente bouches à feu le bombardaient ; le 30 enfin, sans que Trochu eût fait envoyer un canon, et pendant que de Bellemare était allé s'expliquer à Paris, neuf bataillons et cinq batteries de la Garde prussienne, en trois colonnes, s'avançaient à l'assaut. 1 500 mobiles sans officiers lâchèrent pied. Mais 1 900 hommes restaient enfermés dans le village, attendant du secours. Personne ne vint; et du matin jusqu'à une heure de l'après-midi, ces deux bataillons de mobiles de la Seine, avec le 28e de marche, tinrent tête aux bataillons prussiens. Résistance têtue, héroïque, ensanglantant les rues, les maisons, dont chacune exigea un siège. Résistance jusqu'à une reddition glorieuse, comme celle du commandant Brasseur lorsque les munitions lui manquèrent, ou jusqu'à une mort plus glorieuse encore, comme celle du commandant Baroche, frappé d'une balle au cœur. De ces 1 900 héros, pas un ne rentra à Paris; 700 jonchaient le sol. Les Allemands n'avaient pas cru payer trop cher, de la perte de 34 officiers et de 430 hommes ce point soi-disant quelconque et devant la barricade duquel, pour ranimer ses troupes — les vainqueurs de Saint-Privat — le vieux général de Budritzky avait dû mettre pied à terre, empoignant lui-même le drapeau du régiment Reine-Elisabeth !

———

CHAPITRE X

La Province. — La Délégation a Tours (10 octobre). — Gambetta. — Les Bavarois a Orléans (11 octobre). — Chateaudun (18 octobre).

Tandis que Paris supportait patiemment, entre deux sorties, les premières semaines de siège, la Province, sous le lent aiguillon de la Délégation, se démenait tant bien que mal. L'avocat septuagénaire Crémieux, garde des sceaux de 48, s'appliquait à parer, comme il pouvait, aux occupations et aux besoins de six ministères. L'honorable amiral Fourichon était chargé de la guerre; c'était un excellent marin. Homme d'ordre et de hiérarchie, et le moins fait pour ces heures bouleversées. Quant à Glais-Bizoin, autre septuagénaire, et vétéran du parlementarisme, les meilleures intentions animaient ce vieux garçon, un peu bohème, mouche bourdonnante du coche.

Cependant, sous l'active direction des délégués du ministère de la guerre, le général Lefort, le colonel Thoumas, on s'efforçait de faire face aux innombrables et presque insurmontables difficultés qui surgissaient de toute part, à toute minute. Tandis que presque toutes les ressources du pays restaient, avec tous les pouvoirs, — faute plus grande encore, — enfermés dans Paris, en province, chefs, soldats, fusils, canons, tout manquait. En fait de troupes régulières, il ne restait, dans toute l'Algérie ou les départements, que 5 régiments de ligne, 6 de cavalerie et une seule batterie montée : 23 000 hommes à peine. Les troupes de dépôt? Sans doute elles atteignaient un effectif de 150000 hommes, mais avec 100000 non-valeurs, recrues de la classe 69, ouvriers hors rang. En fait de matériel, mais épars aux quatre coins du territoire, et sans affûts, de quoi constituer seulement 48 batteries. En fait d'attelages, 1800 chevaux au lieu de 26000. En fait d'armement, pas assez de chassepots et trop de vieux fusils à tabatière. En fait de munitions, d'équipement, d'habillement, de campement, rien. Tout à pourvoir, dans une proportion gigantesque, au milieu de la routine éperdue et de la discipline dissolvante.

Petit à petit — et si vite pourtant que les Allemands en furent surpris (ils croyaient la guerre terminée avec la disparition des armées impériales) — le 15e et le 16e corps s'amalgamaient, l'un sous La Motte-Rouge, vers Bourges, l'autre à Blois. Escadrons ou compagnies, tirés en hâte des dépôts, formaient des régiments de marche, et de même la garde mobile reconstituée, grossie des célibataires ou veufs sans enfants, au-dessous de trente-cinq ans. Mais les régiments de marche n'avaient aucune cohésion, et les régiments de mobiles, d'esprit plus patriotique, de bel élan, mais sans l'ombre de préparation militaire, devaient se démoraliser bien vite. Tout allait à la diable ; et l'on vit longtemps des bataillons en blouse et sabots ; des hommes s'attachaient à l'épaule, avec de la ficelle, des havre-sacs de fantaisie ; certains étaient sans baïonnettes !

Ce qui d'avance, en dépit de maints héroïsmes, va condamner à la défaite ces masses improvisées, c'est moins encore ce défaut d'organisation et d'endurance, que la déplorable faiblesse, l'absence même, peut-on dire, des cadres, vidés par les premiers désastres, et qu'il fallut au hasard remplir. Officiers trop vieux ou trop jeunes, sans nul prestige, de routine endurcie ou de totale ignorance, et ce qui est pis, trop souvent soucieux de leurs seules aises, ne partageant pas assez la dure vie de leurs hommes.

Ainsi, dans le Nord, dans l'Est, dans l'Ouest, plus confuse à mesure que l'on s'éloignait de Tours, où la Délégation siégeait au milieu d'un grand concours d'ambitions, d'intérêts et de zèles, la résistance s'organisait. Mais partout c'étaient de perpétuels conflits entre les autorités civile et militaire, un chaos, d'où, faute d'une main ferme, rien de bien précis ne sortait.

Sans peine, dans les Vosges, Werder et les Badois, libres depuis la capitulation de Strasbourg, chassaient devant eux francs-tireurs et mobiles, les battaient à Raon-l'Étape, à la Bourgonce, enlevaient Rambervillers où la garde nationale sédentaire luttait bravement. Le général Cambriels, un des blessés de Sedan, investi du commandement des troupes, jugeait prudent de se replier jusqu'à Besançon.

Autour de Paris, les 4 divisions de cavalerie allemandes, chargées de couvrir le blocus, poussaient au loin dans le Vexin, le Beauvaisis, la Beauce, leurs pointes et leurs réquisitions. Elles frappent Mantes, Gisors, Vernon, inquiètent les quelques troupes que le général Gudin réunit à Rouen, entrent aux Andelys, à Beauvais, à Compiègne. Et Saint-Quentin, le 9 octobre, n'est sauvé d'un coup de main par le préfet Anatole de la Forge, que pour être perdu le 21, écrasé d'une lourde contribution. C'est que l'Allemagne, en dépit de la belle proclamation de Guillaume à Saint-Avold, ne fait pas seulement la guerre à Napoléon III, mais à la bourse et à la vie de la France. Elle veut un si complet triomphe, que de longtemps la vieille ennemie ne puisse se relever, porter ombre au naissant empire.

Témoin, en attendant mieux ou pire, le sauvage massacre, en août, d'inoffensifs mobiles prisonniers, à Passavant ; témoin les représailles sanglantes partout terrorisant les villages d'où part un seul coup de fusil! les notables arrachés brutalement des villes, allant croupir au fond de lointaines forteresses allemandes! le meurtre des francs-tireurs traqués comme des bêtes! témoin l'incendie récent d'Ablis.

ANATOLE DE LA FORGE.

Les 2e, 4e et 6e divisions de cavalerie, qui dans les premiers jours d'octobre avaient eu plusieurs engagements à Épernon, Maintenon, Toury, venaient d'être, ainsi que la 22e division prussienne, détachées aux ordres de Von der Tann, qui, avec le Ier corps bavarois, réserve unique des armées sous Paris, marchait aux troupes de La Motte-Rouge. Le 15e corps, soi-disant prêt, venait en effet de franchir la Loire, s'avançait au delà d'Orléans.

Le 7 octobre, des francs-tireurs surprennent à Ablis une compagnie bavaroise et un escadron de hussards, emmènent 70 prisonniers. Le 8, le général Von Schmidt revient avec toute une division, brûle méthodiquement le village entier.

La tache noire se répand. Le 10, Von der Tann bat à Artenay l'avant-garde de La Motte-Rouge, la repousse en désordre dans la forêt d'Orléans ; le 15e corps repasse précipitamment la Loire, et le soir du 11, les Bavarois entrent dans Orléans, après une lutte tenace, une vraie bataille contre une douzaine de mille hommes, qui, chargés de couvrir la retraite, défendent avec acharnement Ormes, Saran, Bel-Air, reculent pied à pied à travers vignes et bois, jusqu'à la gare des Aubrays, jusqu'au remblai du chemin de fer, jusqu'au faubourg Saint-Jean, jusqu'à la barrière de l'octroi enfin, que les vainqueurs n'emportaient qu'à cinq heures du soir, avec de longs hurrahs.

Orléans aux Allemands, l'invasion s'étendait au Nord jusqu'à l'Andelle et à l'Eure, couvrait au Sud jusqu'à la Loire.

C'est alors que Gambetta surgit, sinon pour le salut, du moins pour l'immortel honneur de la France.

GAMBETTA.

Le jeune ministre a trente-deux ans. Élu député à Paris et à Marseille, c'était hier un avocat, déjà célèbre par son opposition contre l'Empire. Rien ne présageait pourtant encore son grand destin. Fils d'un Génois, d'un petit épicier établi à Cahors, il s'était fait, instruit lui-même, mettant au service d'une mémoire chaque jour plus ornée un ardent goût de lecture. Il avait une éloquence passionnée, une voix mâle et chaude, qui prenait. Il était de taille moyenne, la figure pleine encadrée d'une barbe noire, le front vaste, le nez aquilin, avec ses longs cheveux rejetés en arrière, et, ce dont on ne s'apercevait même pas, tant l'œil de verre vivait, borgne, d'un accident de jeunesse.

Le 7 octobre, il part en ballon, essuie le feu des avant-postes, tombe à Montdidier, gagne Amiens, le Mans, en jetant sur sa route de vibrantes exhortations. Le 10, il est à Tours. Dès la gare, son premier mot à la foule est : « Toute l'armée de la Loire sur Paris ! »

Et soudain, tout change. La Province aux membres

épars, presque morts, tressaille. Elle a une âme. Du 10 octobre, jusqu'aux tristes jours de janvier où il succombe, non de sa propre fatigue, mais sous la lassitude des autres, il parcourt le pays, le galvanise. Il prêche, il organise partout la guerre sacrée. Ce borgne est un voyant, accomplit un travail cyclopéen. L'un après l'autre 11 corps d'armée sortent du sol, à son appel. En moins de quatre mois il met debout 600 000 hommes, 5 000 par jour. Il les équipe, il les arme d'innombrables fusils, d'une artillerie neuve, meurtrière. Et cette énorme machine, ce vaste appareil improvisé, infatigablement il l'entretient, le répare, lui insuffle des renouveaux de force. Il gouverne, imprime au pays divisé, regimbant, un élan unique. Alors que la France, à ce tournant de son histoire, hésite et se cherche, il a le génie, le sentiment profond de la race. Il communie avec les plus pures gloires du passé, l'antique âme gauloise. Tout le secret de son énergie, de sa grandeur est là : confiance inébranlable dans la Patrie. Pas une seconde il ne désespère. Les Allemands lui ont les premiers rendu justice; la défense nationale pour eux tient dans ces mots : « Gambetta et ses armées ! »

Est-il un plus grand hommage? Certes, cela suffirait pour excuser ses fautes, s'il en commit, et quelques inévitables erreurs de décision et de choix, dans ce cataclysme où toutes choses étaient confondues.

Dès le 10 octobre, Gambetta (qui a voix prépondérante au conseil et joint à sa charge de ministre de l'intérieur celle de la guerre) jette une proclamation enflammée, un appel à la levée en masse. Il accueille toutes les bonnes volontés, aussi bien Charette et Cathelineau, les royalistes, que Garibaldi le révolutionnaire. Il s'adjoint des collaborateurs nouveaux, d'un dévouement sans bornes, dont le nom mérite de briller auprès du sien : Clément Laurier, qui va négocier à Londres un emprunt de 250 millions ; Ranc, directeur de la sûreté générale ; Spuller, secrétaire fidèle.

En même temps qu'un serviteur du régime tombé, M. de Chaudordy, aux affaires étrangères, continue de faire preuve d'un tact précieux avec tous les représentants des puissances, — qui ont suivi à Tours le Gouvernement, pour l'épier plus que pour le servir, — un inconnu, M. de Freycinet, jeune ingénieur, montre au ministère de la guerre, où Gambetta le délègue, un talent singulier, une activité incomparable.

FREYCINET.

Meilleur organisateur que stratégiste, Freycinet, aidé par d'infatigables sous-ordres, — par des hommes comme le colonel Thoumas, qui sut créer en si peu de temps (quatre mois) jusqu'à 238 batteries, 2 par jour, tout équipées, — Freycinet pare à tout. Il n'existait plus qu'un seul exemplaire de la carte d'état-major, retrouvé à grand'peine. On en fabrique, par la photographie, l'autographie, des milliers. Un bureau de reconnaissances centralise tous les renseignements sur l'ennemi. Un comité d'étude des moyens de défense, avec Naquet, examine, utilise les inventions qui foisonnent ! On va jusqu'en Amérique chercher des canons, des fusils. Tulle, Saint-Étienne, Châtellerault fabriquent mille chassepots par jour. Poudre, capsules, cartouches affluent de toutes parts et de tous pays. Et ce n'est pas une des moindres difficultés quotidiennes que ce vaste réapprovisionnement des armées, avec tant de calibres différents.

Les décrets se succèdent, secouant la torpeur des campagnes, portant aux extrémités du pays le sang jeune d'une volonté brûlante : formation de corps de gardes nationaux mobilisés ; — suspension des lois sur l'avancement. A temps troublé mesures exceptionnelles ; on n'avait plus de cadres, il fallait en faire ! — les mobiles, les mobilisés, la légion étrangère et les corps francs groupés en armée auxiliaire, assimilée à l'armée régulière ; noble idée, fondant dans une même foule les soldats de la France ; on avait les mêmes devoirs, on aurait les mêmes droits ; — organisation de vastes camps régionaux ; — déclaration de l'état de guerre pour tout département à moins de 100 kilomètres de l'ennemi.

Vingt autres décrets encore.

A l'étonnement de plusieurs, Cambriels devant Werder a reculé jusqu'à Besançon. Gambetta y vole, l'approuve. Et quelques jours après, une série de combats énergiques avec ces troupes, hier si faibles, barre sur l'Ognon, aux abords nord de la ville, le passage aux Badois qui se reportent alors, selon les ordres de Moltke, dans la vallée de la Saône et vers Dijon.

Le 15e corps, au premier choc, s'est émietté. Gambetta destitue La Motte-Rouge, nomme commandant en chef d'Aurelle de Paladines, un vieux soldat d'Afrique. Et en quelques jours l'armée de la Loire, au camp de Salbris, reprend forme et vie, sous l'action salutaire de la discipline. Bientôt on pourra tenir campagne. L'impatience d'en venir aux mains, un amer désir de revanche enfièvre chacun.

Le 18 octobre, on apprend la prise et le sac de Châteaudun. Défendue par des francs-tireurs et des gardes nationaux commandés par Lipowski et de Testanières, la courageuse ville avait été incendiée le lendemain par le général Von Vittich (22e division prussienne) : les soldats, allant de maison en maison avec des éponges et des balais imbibés de pétrole, forçaient, pistolet sur la gorge, les habitants à mettre eux-mêmes le feu ; ils allumaient la paillasse d'une paralytique, tuaient un vieillard et le jetaient au brasier. Deux cent trente-cinq maisons sont calcinées, la lueur rougeoie sur dix lieues. Des milliers de bouteilles bues et cassées jonchent la place. Alors Wittich satisfait s'éloigne, non sans avoir imposé une contribution de 200 000 francs et envoyé 96 otages au fond de la Poméranie.

Et ces soldats, qui, en 1870, non seulement fusillaient ou branchaient les francs-tireurs, mais châtiaient ainsi la noble résistance d'une ville ennemie, étaient les mêmes qui en 1813 trouvaient légitime, pour eux, le rescrit de leur roi Frédéric-Guillaume : « La landsturm emmènera tous les habitants avec leurs bestiaux et leurs effets. Ordre d'enlever, de détruire les farines et les grains, de vider les tonneaux, de brûler moulins et bateaux, de combler les puits, de couper les ponts, d'incendier les moissons. *Inutile de revêtir l'uniforme pour courir sus à l'ennemi. Le combat auquel la nation est appelée sanctifie tous les moyens : les plus terribles sont les meilleurs !...* »

Monstruosité de la guerre, qui pousse à de semblables extrémités, change les hommes en bêtes sauvages.

Ainsi s'excitaient de part et d'autre les colères, et grandissait l'exaltation des vaincus, quand un glas sinistre retentit : Metz allemande, Bazaine et 170 000 hommes prisonniers sans combat !

Douloureuse, inexprimable stupeur !

CHAPITRE XI

NOISSEVILLE (1er septembre). — METZ.
LA CAPITULATION (27 octobre).

On se disait : une moitié seulement des envahisseurs est devant Paris héroïque, inexpugnable. Metz la Pucelle avec ses remparts et ses forts, Bazaine, maréchal avisé, vieux soldat, l'armée du Rhin, une des plus vaillantes et des plus nombreuses que la France ait jamais mises en ligne, maintiennent le reste, en Lorraine. Ainsi la Province libre d'agir, la Province qui se lève, électrisée par Gambetta, va pouvoir s'élancer au secours de la Capitale, forcer le blocus. Rien n'est perdu encore !

Et soudain, l'incroyable, honteuse nouvelle, avec ses conséquences fatales : de nouvelles armées allemandes disponibles, pour combattre, paralyser nos formations hâtives.

Drame sans exemple, qu'il faut reprendre aux premiers actes pour en pouvoir comprendre le saisissant épilogue, cette capitulation de l'honneur français. A Sedan, contre des forces supérieures, contre des événements inéluctables, on s'était au moins battu, et glorieusement. Ici, les calculs, la veulerie d'un seul homme, et, douleur suprême — d'un Français ! ruinent une armée et la Patrie.

Remontons le courant de ces mornes jours que, sous leur stagnation de marais, précipitait un destin rapide. Nous sommes en août. Borny, Rezonville, Saint-Privat, viennent d'accomplir le vœu secret de Bazaine : le rejeter, l'attacher sous Metz. Ainsi on ne se fera plus battre en rase campagne, on pourra attendre les événements, à l'abri des forts, et, sans doute, on n'attendra guère!...

L'armée qui se réunit à Châlons, débris de Wœrth et jeunes troupes, est en mauvaise posture. Bazaine se soucie peu d'aller se faire écraser pour donner la main à un camarade, déjà compromis. C'est ainsi que le 26 août, à la fausse sortie de Grimont, nous l'avons vu ne pas souffler mot de la dépêche de Mac-Mahon, et se ranger au pusillanime avis de Coffinières, de Soleille : on rentrera dans les cantonnements, quitte, disent Bourbaki, Canrobert, à ne pas rester « collés » à la place, à donner sans cesse « des coups de griffe ». Et le soir, Bazaine, duplicité déjà criminelle, a fait dépêcher au ministre : « Il m'est impossible de forcer les lignes », et à Mac-Mahon : « Nous pourrons percer quand nous voudrons; nous vous attendons. »

Voici donc l'armée de Châlons sur la pente, au-devant d'un leurre; bientôt, nouvelle dépêche du duc de Magenta, confirmant des renseignements apportés de Thionville par des émissaires : Mac-Mahon est en marche sur Montmédy. Cette fois il faut bouger, ordonner, en dépit qu'on en ait, un mouvement à sa rencontre! Et le 31 août Bazaine se décide à simuler une marche vers le Nord.

Engagée à l'aube, hardiment, l'action eût peut-être réussi; les 120 000 hommes de Noisseville, d'abord vainqueurs, n'eurent devant eux que 70 000 adversaires. Mais au lieu d'un coup droit, brusque, Bazaine tâtonne, tergiverse; il ne quitte son quartier général du Ban Saint-Martin qu'à onze heures et demie, convoque les commandants de corps, étudie, comme à Rezonville, des emplacements de batterie. Et le signal de l'attaque, qu'il s'est réservé de donner, il l'oublie. Ce coup de canon que les troupes nerveuses, impatientes, attendent, elles ne l'entendent que passé quatre heures.

Il est bien tard. Cette position de Sainte-Barbe qui barre la route, Bazaine du moins va-t-il essayer de la tourner, à défaut y lancer de suite l'assaut? Point, il la canonne longuement de loin, sans rien engager. Les Allemands ont tout le temps d'atteler, de ranger sur leur front leur artillerie toujours victorieuse, de plus grande portée, qui éteint la nôtre. Et cependant l'infanterie de Lebœuf s'ébranle, rattrape le temps perdu. Les canons allemands reculent; Lebœuf enlève Montoy, Nouilly, Noisseville, Flanville; Lapasset enlève Coincy. La charge fonce, joyeuse, furieuse :

Y a la goutte à boire,
Là-haut!
Y a la goutte à boire!

Mais sur Servigny barricadé, la nuit tombe, l'effort du 3e corps se ralentit, le village n'est conquis qu'à dix heures du soir, et bientôt repris par la contre-attaque allemande. Le 6e corps, après avoir dépassé Chieulles et Vany, s'est arrêté vite. Bazaine à neuf heures est rentré se coucher sans demander de renseignements, sans donner d'ordres. Le 1er septembre, au jour, il envoie seulement dire qu'on continue l'opération, que si l'on éprouve trop de résistance, on se maintiendra sur les positions, pour se rabattre, le soir, sous les forts Saint-Julien et Queuleu.

C'est la retraite, que vient hâter encore l'offensive de Frédéric-Charles. Le 3e corps flotte indécis, bientôt recule. A neuf heures les Prussiens entrent dans Flanville, à dix heures dans Coincy, à onze dans Noisseville, disputé par deux fois. Demi-tour. Surprise et morne, l'armée du Rhin, dont le tiers n'avait pas donné, revient en murmurant à ses bivouacs, quittés si gaiement la veille. Elle n'en sortira plus que pour des fourrages d'une heure, d'insignifiants combats, saignées indispensables à sa fièvre, ou qu'enfin anéantie, le 27 octobre, jour funèbre, sans lendemain.

Comment cette masse de braves, vieillis aux neiges de

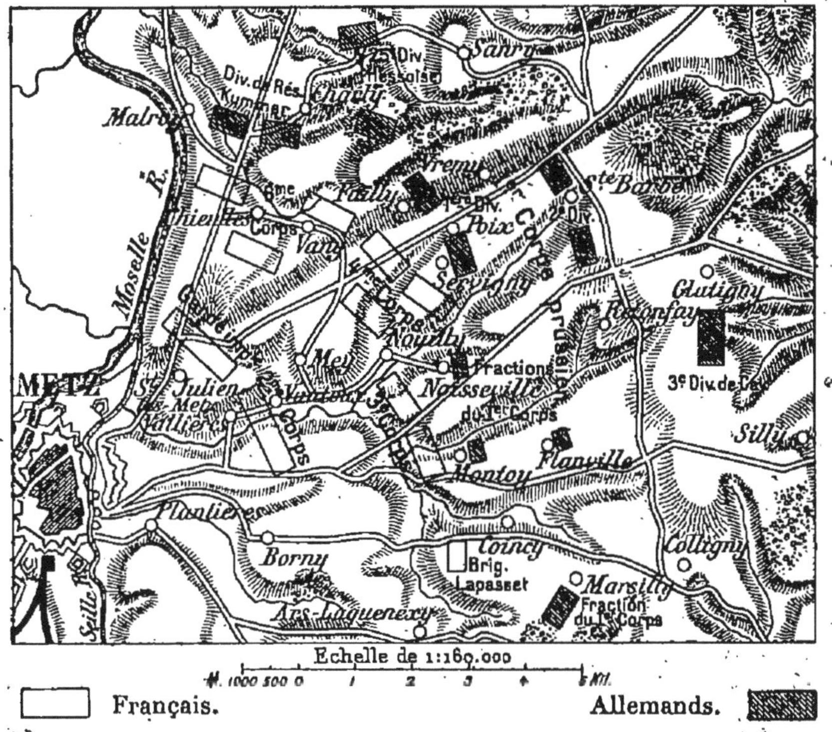

BATAILLE DE NOISSEVILLE OU DE SERVIGNY (1er septembre).

Crimée, aux soleils d'Alger, de Magenta, de Solférino, cette élite d'officiers et de généraux ont-elles été trahies, livrées par leur chef? Comment Bazaine, enfin, endormit-il ce conseil de commandants de corps et de maréchaux dont la responsabilité, couverte par lui, demeure néanmoins engagée?

Époque de trouble et d'affolement, où avant l'armée les consciences capitulèrent. Séparés de la France, hors du grand souffle patriotique qui la secouait, on ne respirait à Metz qu'un air rare. L'investissement obscurcissait tout. Puis, quand aux premières secousses succédèrent ces chutes tragiques, — Sedan, le 4 septembre (cela se sut par les échanges de prisonniers, et l'ennemi le confirma sur demande de Bazaine), — le voile, les ténèbres s'étaient épaissis. La République, aux yeux de ces grands dignitaires qui tenaient tout de l'Empire : Bourbaki, Canrobert, Frossard, Lebœuf, c'était le renversement de l'ordre social, la fin du monde. L'Empire incarnait la France ; Paris d'ailleurs ne tiendrait pas quinze jours. La guerre était moralement finie. Et l'on se mit à songer vaguement, au lieu de se battre, à la restauration prochaine, aux charges, aux honneurs bons à garder. Bazaine, lui, vit plus loin : Paris tombé, la paix faite, il devenait avec son armée intacte, l'arbitre, le sauveur. Il réprimait « les mauvaises passions » (la République), mettait à leurs places « ces gens-là », le petit « môsieu Trochu », Favre, Gambetta, dit « grand bêta », et déjà il se pavanait Régent, l'impératrice régnante.

C'est à cette éclipse, — explicable peut-être dans une semblable tourmente, — d'un sentiment primordial chez des soldats, celui du strict devoir militaire, que, de pourparlers en pourparlers et de conseils en conseils, Bazaine dut d'engourdir jusqu'à la fin ses braves et trop crédules lieutenants. C'est à cette incroyable absence de sens moral chez un maréchal de France, à cette sombre imbécillité (Bismarck le dupa comme un enfant) que l'armée du Rhin impuissante, rongeant son frein, dut de s'enliser dans l'inaction, l'épuisement, la famine, de se dissoudre parmi les boues de ce sinistre octobre, jusqu'à ce que ses drapeaux et ses armes lui fussent arrachés lui tombassent des mains !

Tout vient de cette illusion que Paris est à demi rendu, la France doublement à bas, sous l'Allemand et sous la République. Aussi les en-têtes aux armes impériales, un instant rayés des papiers au lendemain du 4 septembre, réapparaissent-ils aussitôt. Bazaine ne s'est pas donné la peine de vider à temps fermes et villages voisins, regorgeant d'approvisionnements, de rationner dès le premier jour, — pour plus longtemps tenir, — la garnison, les habitants, l'armée. A quoi bon? le dénouement est proche.

BAZAINE.

Mais quoi? Paris tient bon! La guerre se prolonge!... Les subsistances commencent à manquer. Le 22, le 23 septembre il faut tenter des coups de main, — pour ramener bestiaux, foin, blé, — sur Lauvallier, la Grange. Les chevaux meurent par centaines le long des cordes d'attache; les hommes souffrent déjà de la faim et aussi de l'absence de sel : pain fade, viande lourde. Ils souffrent davantage encore de leur inertie. Qu'importe à Bazaine? Il négocie.

Un aventurier, le sieur Régnier, — une de ces personnalités falotes qui surgissent à la faveur des révolutions, — a pu franchir les lignes avec un sauf-conduit allemand. Il se prétend envoyé de l'Impératrice, dit arriver d'Hastings, montre même une photographie signée par le Prince impérial, obtenue en fraude. Il s'est mis d'accord avec Bismarck, qui voit en lui à tout le moins un agent de démoralisation utile. Régnier presse Bazaine d'envoyer un officier en Angleterre. Le Maréchal mord à l'hameçon, persuade Bourbaki, qui, affublé des propres habits civils de Bazaine, jusqu'à ses bretelles, et d'un képi d'un médecin luxembourgeois, quitte le camp, Metz... Dehors, Régnier, l'espion (les Allemands apprennent par lui que les vivres de la place sont presque épuisés, ses jours comptés) propose au commandant de la Garde de serrer en passant la main du chef d'état-major de Frédéric-Charles, Stiehle, puisqu'il le connaît .. Bourbaki comprend qu'il est joué, ne rentrera plus à Metz. Il va se casser le nez à Hastings. L'Impératrice, surprise, refuse, avec une dignité et une abnégation qui l'honorent, d'entrer en relations avec Bismarck : elle n'entravera pas l'œuvre de la Défense nationale.

Régnier, inutile, est aussitôt désavoué à Metz, congédié à Versailles, où on le traite de farceur. Il a fait pourtant de bonne besogne : Bazaine, en barbotant, s'est enferré sur l'appât. Il n'en démordra plus. Bismarck, Moltke, Frédéric-Charles tiennent la ligne, vont le noyer tout à leur aise.

En vain ont lieu, le 27 septembre, les fourrages de Ladonchamps, de Colombey, de Peltre, hardie démonstration de la brigade Lapasset qui échoue par suite d'une trahison, et, le 1er octobre, le petit combat de Ladonchamps. En vain, le 7 octobre, Bazaine ordonne lui-même, contre les Maxes, les Tapes, Bellevue, une importante opération de ravitaillement, exécutée par le 6e corps et la Garde, et soutenue par Lebœuf et Ladmirault. Le seul résultat appréciable est une perte de 100 hommes pour l'ennemi, de 1 200 pour nous, chacun couchant le soir sur ses positions du matin.

Un combat autrement grave se livre : c'est la muette révolte de cette armée, que la discipline ligotte, contre son chef mystérieux, invisible, au corps alourdi, au cœur étouffé de graisse. Il vit enfermé dans sa villa du Ban Saint-Martin, d'une telle apathie physique qu'il ne monte presque jamais à cheval, d'une telle sécheresse d'âme qu'il ne visite pas une seule fois une ambulance, un hôpital, où des milliers de blessés gémissent! Metz guettée par la famine s'agite; maire, habitants ont protesté déjà contre cette armée qui dévore tout et au lieu de se battre, s'étiole. Les officiers, anxieux, s'interrogent. Boyenval, Rossel, plusieurs, voudraient passer aux actes, destituer le traître... Mais les généraux consultés hésitent, se récusent : la discipline! Et cependant, cavalerie, artillerie sont maintenant démontées presque entièrement. On enfouit par centaines de prolonges, ou sur place, les chevaux qu'on abat ou qui crèvent. Une odeur empestée s'élève. Sous l'incessante pluie, les hommes jonchent les tentes, accroupis ou couchés comme un bétail malade. Ils ont de la boue jusqu'au ventre, de la tristesse plein le cœur. Tout ressort se détend. Un mot, un signe! ils bondiraient encore, voudraient percer en masse...

Et le typhus étend ses ravages, les vivres diminuent, les jours passent, chacun plus meurtrier, plus désastreux qu'une bataille perdue!... Bazaine est tout à sa politique : chimère d'armée neutralisée, jeux de bascule où la République est terrassée, l'Empire et lui-même aux nues. Entre temps, il ment, promet, aux généraux qui s'exaltent, d'illusoires sorties. Pourtant, dès le 5 octobre, il a emprunté à la bibliothèque de la ville des ouvrages sur les capitulations célèbres : il se documente.

Le 10, il réunit un solennel conseil; il connaît déjà l'avis de ses lieutenants, le leur a demandé avant par écrit. Tous, sauf le bonapartiste Frossard, eussent voulu tenter, avant de parlementer, un effort suprême. Aussi Bazaine se garde bien de les mettre au courant de son échec avec Régnier, ni des approvisionnements qu'il sait rassemblés tout près, à Thionville, par le gouvernement de la Défense. Et l'on résout, après une douloureuse discussion, de négocier sans retard, quitte à se frayer un chemin par la force, si les conditions sont inacceptables.

Le général Boyer, ami de Bazaine, part le 12 octobre pour Versailles, entre deux Allemands, revient le 18; ses guides ne lui ont, chemin faisant, montré, dit que certaines choses! il les répète fidèlement : « la France déchirée, soulevée contre la République! Le drapeau rouge flottant sur Lyon et Marseille... Les honnêtes gens réclamant des garnisons prussiennes... » Il montre Bismarck prêt à traiter avec l'Impératrice et Bazaine, pourvu qu'ils signent les préliminaires de paix, « si exorbitants qu'ils puissent paraître » ; l'armée quitterait Metz, gagnerait un territoire neutralisé, où les pouvoirs publics d'avant Sedan rétabliraient un gouvernement...

Le lendemain, 19 octobre, le conseil décide, par six voix sur huit (sauf Coffinières et Lebœuf), que Boyer ira trouver en Angleterre l'Impératrice. Tentée, elle signe d'abord, puis se reprend, déchire la lettre : elle ne divisera pas la France devant l'ennemi.

Elle écrit à Guillaume, demande à « son cœur de roi », à sa « générosité de soldat » une paix honorable. Elle parle au roc. Bismarck dédaigneusement avertit Bazaine que les négociations sont rompues ; au sort des armes de décider. Il est tranquille, Metz est à bout.

Bazaine, dans ses égoïstes préoccupations, a dilapidé jusqu'aux derniers vivres, aux dernières forces de l'armée. Des soldats affamés franchissent maintenant les lignes pour arracher des pommes de terre, certains même vont manger la soupe des avant-postes prussiens. Si Bazaine voulait, pourtant!...

Metz se soulève, un grand nombre d'officiers se concertent, une révolte est sur le point d'éclater. Il suffirait d'un élan du cœur, d'un réveil d'âme, et des milliers d'hommes, ombres d'eux-mêmes, surgiraient, suivraient en désespérés. On tomberait face à l'ennemi. On sauverait du moins l'honneur.

Mais tout est dit. Changarnier, Cissey vont au quartier général de Frédéric-Charles, en rapportent des conditions terribles : Metz, son immense matériel, ses forts, l'armée tout entière prisonnières de guerre. Jarras est désigné pour signer la capitulation, obtient les honneurs du défilé. Le Maréchal les refuse ; il craint les outrages, la fureur de ceux qu'il livre. Tout lui semble bien, puisque les officiers conservent, avec leurs épées, leurs bagages.

FRÉDÉRIC-CHARLES.

Brise-t-on au moins les fusils, encloue-t-on les canons? Point. Bazaine met un singulier point d'honneur à tenir ses engagements vis-à-vis des Allemands. Les armes sont nettoyées, versées une à une. Il n'est pas jusqu'aux drapeaux que, par peur de mécontenter le vainqueur, le Maréchal ne soustraie à la rage ardente des soldats. Ils sont portés à l'arsenal, pour être soigneusement livrés. Quelques-uns pourtant échappent, lacérés, brûlés par les généraux et les hommes. Le brave Lapasset, devant les officiers de sa brigade, fait rendre aux siens les derniers honneurs, avant de les incinérer !

Le 27 octobre, au soir, la capitulation était signée. Fous de douleur, quelques braves veulent encore trouer, coûte que coûte ; on les dénonce, on les traque. Metz hurle sa colère et son désespoir. A toute volée, la grande cloche de la cathédrale sonne le deuil ; on s'attroupe autour de la statue de Fabert, dont le socle porte cette inscription qui navre le cœur : « *Si, pour empêcher qu'une place que le Roi m'a confiée ne tombât au pouvoir des ennemis, il fallait mettre à la brèche ma personne, ma famille et tout mon bien, je ne balancerais pas un moment à le faire.* »

Le 29 octobre enfin, par un temps noir balayé de rafales, le long des avenues qui conduisent à Metz, devant les troupes allemandes en bataille, les officiers conduisaient, en longues et mornes colonnes frémissantes, leurs hommes prisonniers. Ils les remettent aux vainqueurs, les quittent après de déchirants adieux.

Metz, rempart de la Lorraine, 3 maréchaux, 60 généraux, 6 000 officiers, 173 000 hommes, 56 aigles, 622 canons de campagne, 876 canons de place, 72 mitrailleuses, 137 000 chassepots, 123 000 autres fusils, des munitions innombrables, le Judas qui en avait charge rendait tout cela. Même pas contre trente deniers !

Car, trait suprême qui le peint, le maréchal Bazaine, traître à son devoir, à l'honneur, à la Patrie, le fut pour rien.

Il demeura jusqu'à son dernier jour le plus inconscient des hommes, aussi bien devant le conseil de guerre de 1873 qui le condamnait à mort, que plus tard, à Madrid, après sa peine commuée et son évasion de l'île Sainte-Marguerite, dans l'obscure misère de son agonie.

Un tel crime, comme le dit Gambetta dans la proclamation ardente qu'il adressait à la France, demeure « au-dessus des châtiments de la justice » et déconcerte par son abîme de bassesse et de stupidité.

Une fois tombé le barrage de Metz et de l'armée du Rhin, qui sous un autre eût tenu des semaines encore, c'était l'invasion s'étalant d'une seule vague, définitive;

c'était Manteuffel montant vers la Somme ; Frédéric-Charles descendant vers la Loire. Entre nos armées de province et Paris, c'était le déploiement, l'épaississement du rideau de fer.

CHAPITRE XII

Paris le 31 octobre. — Échec des négociations (3 novembre). — Le plan Trochu. — La première armée de la Loire. — Coulmiers (9 novembre).

La chute de Metz, ce prodigieux déplacement d'équilibre, était suivie d'immédiats contre-coups. En province, l'armée de la Loire suspendait sa marche imminente. A Paris, la perte du Bourget, source légère d'irritation mais qui coïncidait avec la formidable stupeur et l'indignation causées par la capitulation de Metz, d'étranges bruits d'armistice négocié en sous-main par Thiers, d'accord avec le Gouvernement, — cette triple cause occasionnait la journée du 31 octobre, presque une révolution.

Paris se voyait trahi par les événements, se croyait trahi par les hommes, ceux-là mêmes qu'il avait acceptés pour chefs. Et sa douleur n'avait d'égale que sa colère, s'exaspérant l'une l'autre. Loin d'être abattu par la capitulation de Bazaine, il se redressait sous cette fatalité, n'en ressentait que plus vive l'humiliation du Bourget et l'inertie de Trochu. Et c'était cette minute où malgré tout, rien n'était perdu encore, qu'on choisissait pour se rendre ! avec des forts pareils, des arsenaux pleins, une armée de 650 000 hommes ! et quand la Province... Un armistice ! pourquoi pas une capitulation ? Les esprits s'enflammaient, non sans raison. La presse, et surtout la presse avancée, menait grand bruit. On maudissait ce gouvernement qui jusque-là n'avait rien su faire, tâtonnant en vains discours, en timides sorties, et qui menaçait de si mal finir, dans la faillite de ses promesses. Les meilleurs citoyens, jusqu'aux plus paisibles amis de l'ordre l'eussent vu tomber sans regret. Mais que Paris, la Patrie tombassent avec lui, non, c'était trop !

Et, des plus lointains boulevards jusqu'au cœur de la ville, cette place de Grève grouillant d'une foule badaude ou furieuse, c'était une agitation née avec le jour, croissant d'heure en heure. Des faubourgs de la Villette, de Belleville, les bataillons rouges descendaient en armes. Partout le rappel ou la générale se mettaient à battre, répercutant au loin leurs cadences. Les bataillons de l'ordre, pêle-mêle, arrivaient aussi, mais pour grossir la fourmilière des révoltés, des mécontents.

Paris s'amassait autour de l'Hôtel de Ville, tout prêt à troquer ce conseil d'hommes indécis contre un pouvoir plus énergique. L'après-midi, l'assemblée des maires demandait au Gouvernement réuni dans une salle voisine « l'élection immédiate d'un conseil municipal, d'une Commune » et l'obtenait en principe. Mais déjà, l'heure des raisonnements est passée, l'Hôtel de Ville est envahi. Le bataillon de Flourens s'est emparé de la salle des séances ; d'autres rouges gardent les portes.

Trochu, Favre, Ferry, Simon, Garnier-Pagès sont prisonniers, poussés dans une embrasure, sous les insultes, les fusils en joue. Inébranlables, ils refusent leur démission. Picard et Rochefort ont pu s'échapper. De petits papiers blancs pleuvent par les fenêtres, listes diverses de gouvernants nouveaux. Flourens, juché sur la table, les proclame au milieu du hourvari ; le premier nom proclamé est celui de Dorian, le ministre des travaux publics, dont Paris apprécie le zèle. Dorian proteste, finit par aller signer avec le maire Arago, les adjoints Floquet et

Brisson, une affiche annonçant les élections municipales pour le lendemain. Vaine concession. Blanqui, le théoricien de l'émeute, homme de volonté ardente et de conscience pure, dont le journal, *La Patrie en danger*, est, depuis le commencement du siège, plein de vues patriotiques et justes — (elles n'ont qu'un tort, émaner de cet irrégulier dont le nom effraye, au lieu de venir d'un Favre ou d'un Trochu) — Blanqui est maître de la place, rédige décrets sur décrets. Millière, le futur député, et le maire Delescluze sont à ses côtés. Flourens se démène toujours. Mais, partie de la garde nationale (Paris, lui, eût laissé faire) ne veut pas de ces directeurs nouveaux. A huit heures du soir, le 106e bataillon force les portes, enlève Trochu et Ferry.

JULES FERRY.

Les autres otages ne parviennent pas à fuir, et toujours menacés, gardés à vue, concluent avec les émeutiers cet engagement verbal : journée blanche, on ne poursuivra personne... Mais Picard, puis Trochu et Ferry s'emploient à les délivrer. Ferry, à la tête de quelques bataillons, arrive, parlemente avec Delescluze : liberté pour tous si les captifs sont respectés. Deux heures passent, l'Hôtel de Ville n'est toujours qu'une maison de fous ; enfin les mobiles du Finistère, par un souterrain qui va de la caserne Lobau au sous-sol, pénètrent dans l'édifice, ouvrent la porte aux bataillons de Ferry. Il est trois heures et demie du matin. Le Préfet de la Seine court à la salle des délibérations d'où bientôt Favre et Garnier-Pagès, Jules Simon et Leflô sortent blêmes et défaits, pêle-mêle avec leurs geôliers de tout à l'heure, comme s'ils s'amnistiaient les uns les autres, tous étonnés et joyeux de respirer l'air frais.

Équipée stérile, que pas un coup de fusil, du moins, n'avait ensanglantée. Triste spectacle donné à l'ennemi. Vainqueurs malgré leur faiblesse, les élus du 4 septembre, dont les bonnes volontés pour n'être pas toujours à hauteur des circonstances n'étaient pas moins évidentes, déchirent l'affiche qui promettait la Commune, décident des poursuites, et demandent à un plébiscite, le 3 novembre, la consécration de leurs pouvoirs. 559 000 oui contre 62 000 non les leur confirment.

Le même jour Bismarck éconduisait Thiers, après plusieurs pourparlers. D'inacceptables conditions eussent été le prix de l'armistice, dont hypocritement le Chancelier mit en partie le refus sur le compte des sentiments intraitables de Paris. Thiers fut désolé. Il ne voyait en Gambetta qu' « un fou furieux », croyait tout perdu, la France au bout du rouleau, et, comme si les prétentions des Allemands n'eussent pas été nettes, se figurait qu'il valait mieux céder tout de suite seulement l'Alsace et deux milliards, que plus tard la Lorraine encore et trois milliards de plus. Dans son voyage inefficace à travers l'Europe il avait cependant traversé l'Allemagne, entendu ses revendications : « elle voulait, elle aurait Strasbourg et Metz ! La guerre n'était plus dirigée contre l'Empereur, ou contre la nation, à qui on désirait même conserver *une certaine grandeur*, mais contre la politique de Louis XIV, l'impardonnable conquérant de Strasbourg et des Trois Évêchés !... » Dans un rendez-vous de nuit, qu'il eut, le 5 novembre, dans une maison abandonnée près du pont de Sèvres, avec Favre et Ducrot, Thiers dit son désir prématuré de la paix. Des paroles furent alors échangées, dont le retentissement dépasse cette minute précaire et dure encore.

— « Nous n'avons pas le droit de capituler, s'écria le général Ducrot. Nous avons des vivres, des armes, des munitions, nous avons des troupes qui s'améliorent chaque jour, nous devons défendre Paris aussi longtemps que possible, pour permettre au pays de former des armées nouvelles. Et si les ruines matérielles augmentent, les ruines morales diminueront! Nous sommes sous l'épouvantable accablement de Sedan et de Metz, la lutte seule peut nous relever de ces affreux malheurs.

— Général, dit Thiers, vous parlez comme un soldat, non comme un homme politique.

— Je parle en politique, répondit Ducrot. Une grande nation comme la France se relève toujours de ses ruines matérielles, elle ne se relève jamais de ses ruines morales. En continuant à défendre pied à pied le sol de la patrie, notre génération souffrira peut-être davantage, mais nos enfants bénéficieront de l'honneur que nous aurons sauvé. »

Thiers, mécontent, regagna Tours où il allait commencer une opposition sourde contre Gambetta. Quant à Trochu, remis de l'alerte du 31 octobre, il se consacrait de plus belle à l'élaboration de son plan, — plan d'immobilité défensive, — qu'il consignait sous forme de testament chez Me Ducloux, son notaire, et qui, pour Paris, resta mystérieux en dépit de la chanson célèbre :

Je sais le plan de Trochu,
Plan! Plan! Plan! Plan! Plan!
Grâce à lui rien n'est perdu!

Pendant que Paris souffre avec cette gaîté les longues semaines d'isolement, de privations, — déjà les ménagères faisaient queue aux grilles des boucheries, par les jours commençants de l'hiver, — les forces militaires de la Capitale achèvent de s'organiser, d'innombrables pièces sont en batterie, trois armées prêtes : la première composée de 266 bataillons de la garde nationale sous Clément Thomas, — mais jugée bonne à rien, inemployée, suspectée à tort ; la deuxième, la meilleure, conduite par Ducrot : 100 000 hommes en trois corps, Blanchard, Renault, d'Exéa ; la troisième aux ordres de Vinoy, 70 000 hommes dont la garde républicaine, les douaniers, forestiers et marins, et le reste en mobiles. Une division de 30 000 hommes enfin à Saint-Denis, commandée par l'amiral La Roncière Le Noury.

On le voit : largement de quoi harceler l'ennemi, l'écraser même sur un point.

Mais, depuis quelque temps, Trochu, voyant que Paris tenait toujours, s'était rangé à un plan nouveau, caressé par Ducrot : pendant que l'on déploierait, à date choisie, une vaste démonstration d'ensemble, 50 000 hommes triés tenteraient une sortie par la presqu'île d'Argenteuil, où l'investissement était le plus faible, et, le cercle rompu, fileraient le long de la Seine, vers Rouen, Le Havre. Là se réunirait le gros de la défense, adossé à la mer, pour effectuer ravitaillement et déblocus.

Cette opération chanceuse allait peut-être entrer dans la voie d'exécution, lorsqu'à la mi-novembre une nouvelle éclatait, qui transporta Paris, bouleversa tout.

Un pigeon, — c'était maintenant, avec les ballons, le seul mode d'exploiter les chemins libres, l'air, — un pigeon qui, touchante chose, fut blessé en route, venait d'apporter sous son aile fragile cette grande espérance : la victoire de Coulmiers.

A ce premier succès de la nation, la Capitale tressaillit, revit le ciel bleu. Tous les regards, tous les cœurs se tendirent du côté de la Loire. Nul doute, dans les premiers jours de décembre l'armée de Gambetta camperait dans la forêt de Fontainebleau !... D'Aurelle de Paladines devint l'homme du jour.

Suivons cet élan de Paris vers ses sauveurs, et marchons avec ces jeunes troupes du 15e et du 16e corps, les premières que le pays mit vraiment en ligne, après les formations trop rapides de La Motte-Rouge.

D'Aurelle venait, au camp de Salbris, de refondre le 15e corps ; le 16e, confié au ferme, au vaillant Chanzy, complétait une armée sans doute disparate encore, mais où l'ardeur patriotique suppléait au reste. Gambetta et Freycinet l'eussent voulu lancer en avant bien plus tôt, dès la fin d'octobre, non du côté de l'Ouest, à l'aide de la sortie que méditait Trochu, — on n'en avait eu que vaguement bruit, et l'on redoutait d'ailleurs une aussi longue marche de flanc, — mais droit sur Paris, après avoir préalablement reconquis Orléans.

D'AURELLE DE PALADINES.

Nous avons vu la chute de Metz suspendre le départ alors prescrit. La négociation de l'armistice Thiers et les perplexités de d'Aurelle étaient venues le retarder encore. Le brave commandant de l'armée de la Loire, général de tradition et d'exécution, et qui avait fait merveille à Salbris, n'était pas en effet le chef audacieux et jeune qui convenait à l'audacieuse, à la jeune dictature républicaine. « Pas de plus honnête homme ni de meilleur soldat », a-t-on dit justement de lui, mais le tout annihilé par son absence de confiance en lui et en ses troupes. Où on lui demandait, où il eût fallu l'initiative hardie d'un plan et sa brusque réalisation, il ne répondait que par l'offre sincère d'un dévouement entier, mais impuissant. Cependant, après plusieurs conseils de guerre (à l'un des premiers avait assisté Bourbaki, qui n'ayant pu rentrer dans Metz, était venu offrir son épée), on décidait de reprendre immédiatement la marche sur Orléans et Paris. Le bruit de transports de troupes en chemin de fer vers Le Mans était habilement répandu; et, pendant qu'une division du 15ᵉ corps sous Martin de Pallières, partant pour Gien, opérait un long mouvement tournant, avec mission de couper la retraite aux Bavarois, le gros de l'armée, partant de Blois, attaquait de front Von der Tann, en avant d'Orléans. Le 7 novembre, l'heureux combat de Vallières présagea la victoire du 9.

Il fait, ce matin-là, un temps couvert et doux. Une trouée de soleil illumine le jour gris, la vaste plaine ondulante au loin, avec ses bouquets d'arbres, d'où émergent toits bruns de grosses fermes et murs blancs de châteaux, avec ses villages aux jolis noms obscurs, qui tout à l'heure recevront le baptême du feu, de l'histoire. Les deux corps d'armée de d'Aurelle et de Chanzy étendent leurs nappes bleues piquées de rouge, noient les creux, escaladent les crêtes. Pas un traînard. Il semble qu'on aille à la manœuvre. On sent l'irrésistible poussée d'une force anonyme et, dans le roulement des canons, dans le martèlement des sabots et des pas, une vie puissante, ordonnée, le mouvement, la respiration d'un grand corps, fait de 60 000 corps.

Von der Tann, en face, n'a que 25 000 hommes, vieux soldats qui s'imaginent valoir, chacun, trois de ces recrues. Soudain, sur la droite le canon tonne, la bataille s'engage. Duel d'artillerie d'abord où nos batteries novices font preuve d'une précision étonnante. Peu à peu Von der Tann vers ses deux ailes est débordé. L'infanterie de Peytavin enlève le village de Baccon, le château de la Renardière. A gauche, le brave Jauréguiberry s'empare de Champs, d'Ormeteau.

Le temps a passé, il est déjà trois heures. C'est alors

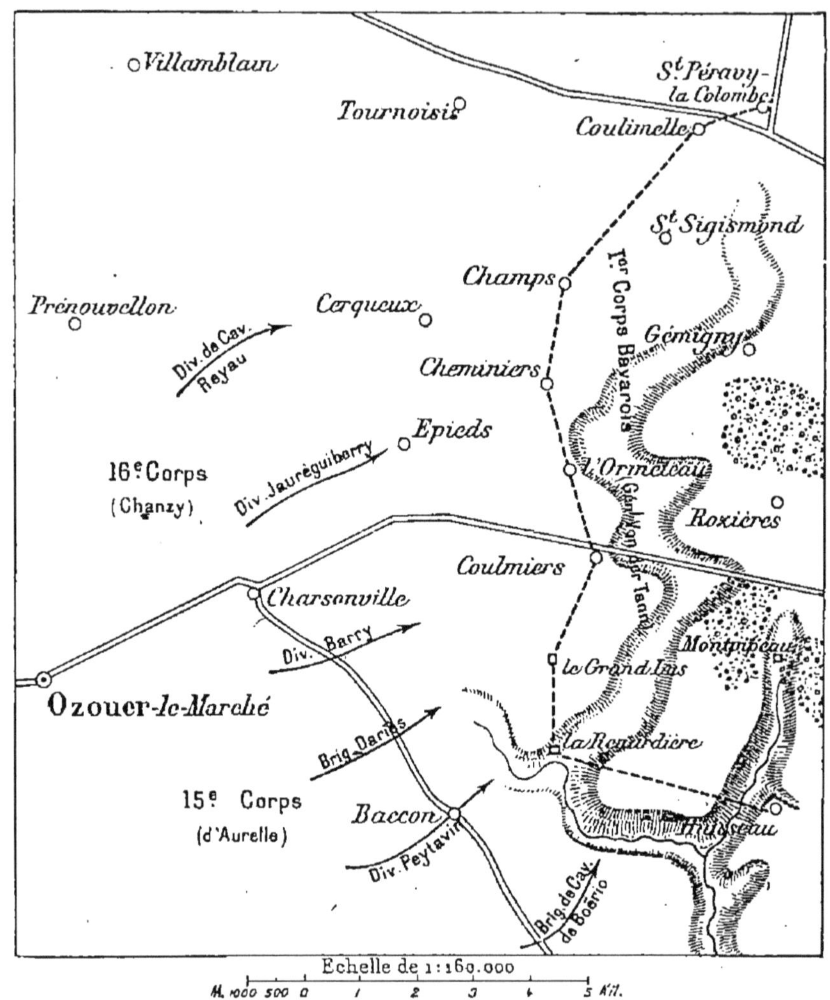

BATAILLE DE COULMIERS (9 novembre).

Les flèches indiquent la direction des attaques françaises. La ligne ponctuée indique le front de bataille de l'armée allemande.

qu'au centre, venant renforcer les tirailleurs de Peytavin, une colonne de la division Barry, composée du 88e de marche, du 7e bataillon de chasseurs et des mobiles de la

Dordogne, s'ébranle, pour l'attaque de Coulmiers. Un feu meurtrier fait rage, on parvient à prendre pied dans le parc ; maintenant il faut donner l'assaut, maison par maison. Les troupes sont fatiguées, le soir va venir. A cette minute, et comme faisaient jadis les généraux des premières guerres de la Révolution, le général Barry tire l'épée, prend la tête et crie : « En avant, vive la France ! »

D'un bond héroïque, les mobiles de la Dordogne le suivent. Ils emportent les maisons une à une, et sous leur jeune enthousiasme les vieilles troupes bavaroises plient. Von der Tann est en retraite. Le soir vient, et dans cette tombée des ténèbres, malgré le froid qui subitement saisit, malgré la petite pluie qui commence, fouettée de neige fondue, une joie immense transporte l'armée tout entière. Elle ne sent plus ni froid, ni faim, ni fatigue ; un sang chaud bat dans ses veines ; il lui faut marcher encore, gagner l'étape. Elle irait au bout du monde ! Elle a la victoire.

Victoire partielle, incomplète, puisque les Bavarois qu'on eût pu écraser, s'échappent, gagnent Orléans, ne laissant derrière eux que 1 200 à 1 300 blessés, tués ou prisonniers. Martin des Pallières, — c'est l'issue ordinaire de ces mouvements combinés, de trop grande envergure, — n'a pu arriver à temps ; et la division Reyau, prenant pour l'ennemi les tirailleurs de Lipowski, qui la devaient appuyer, est rentrée aussitôt dans ses cantonnements, n'en est plus ressortie ; inaction regrettable, car un galop de poursuite eût achevé, le soir, les vaincus éreintés. Il suffisait, en effet, le lendemain, de 45 cavaliers d'escorte de Jauréguiberry, avec le commandant de Lambilly, pour prendre 2 canons attelés, 50 caissons et voitures, 130 prisonniers...

Oui, petite victoire, que nous payons de 1 800 hommes, mais grande par ses conséquences, puisqu'elle nous rend Orléans, ranime la France d'un sursaut d'espoir, enfièvre Paris. Premier rayon de soleil, depuis les sombres heures de Wissembourg.

CHAPITRE XIII

Le mois de novembre. — Manteuffel contre l'armée du Nord : Bataille d'Amiens (27 novembre). — Le grand-duc de Mecklembourg et Frédéric-Charles sur la Loire : Beaune-la-Rolande (28 novembre).

Court moment à saisir. Rayon fugace. Déjà s'approchaient les longues colonnes, l'avalanche qui descendait de Metz...

Au nord, c'est la Ire armée, où Manteuffel a succédé à Steinmetz. Les Allemands prennent enfin l'offensive de ce côté, après les six semaines de répit où ils se sont fortifiés à l'aise devant Paris, livrant seulement aux mobiles de Briand, qui a remplacé Gudin, de petits combats; mais les Ier et IIIe corps, avec la 3e division de cavalerie, négligent un moment ces faibles forces de Normandie, marchent à l'adversaire le plus dangereux.

FARRE.

Quatre brigades se sont réunies derrière la Somme, et constituent un noyau de corps d'armée, le 22e. Cela s'appelle déjà, et mérite de s'appeler : l'armée du Nord. Ce groupement, créé sur place avec des moyens locaux, des cadres fournis en grande partie d'évadés de Sedan et surtout de Metz, est dû tout entier au dévouement du commissaire du gouvernement Testelin, un médecin de Lille, et à

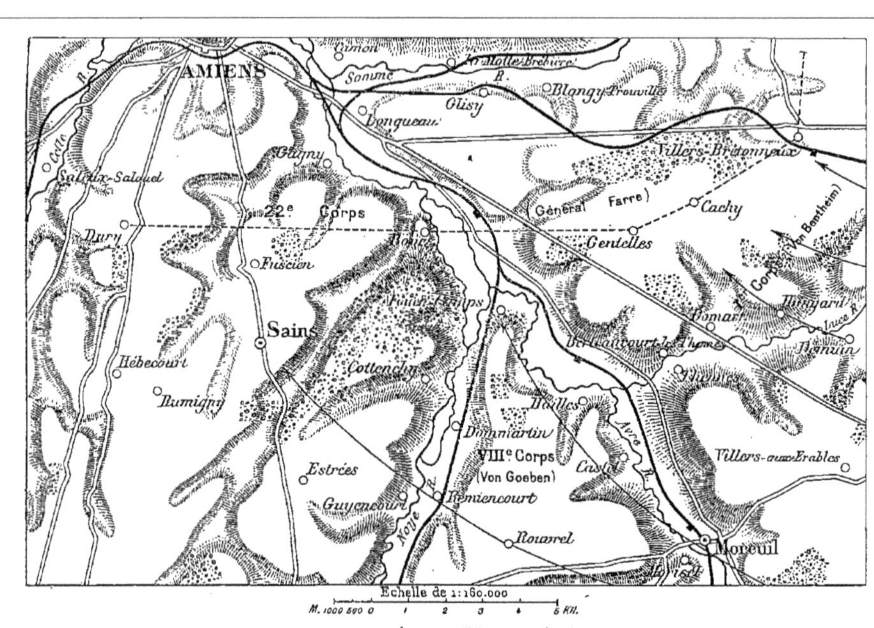

BATAILLE D'AMIENS (27 novembre).

Les flèches indiquent la direction des attaques allemandes. La ligne ponctuée indique le front de bataille de l'armée française.

l'activité du colonel, puis général Farre, qui le seconde. Deux escadrons de gendarmes, deux de dragons et sept batteries renforcent bataillons de mobiles et régiments de marche. Un instant Bourbaki, nommé commandant en chef de la région, a présidé à cette formation, puis las, découragé, il a demandé qu'on le relève. Farre remplit l'intérim, quand la Ire armée allemande paraît.

Il faut, avant de gagner Rouen, que Manteuffel batte d'abord le 22e corps, s'empare d'Amiens. Le 27 novembre il cueille La Fère au passage (2000 hommes et 70 canons, après deux jours de bombardement) et livre cette bataille d'Amiens, qui fut si honorable pour nos armes. Farre a jeté trois de ses brigades entre Avre et Somme, en avant d'Amiens, que défend Paulze d'Yvoi, avec 8000 mobiles et 12 canons. Et ces 17 000 hommes, dont beaucoup ne savaient pas manier un fusil, tiennent tout le jour, vaillamment, sauf quelques défections de mobiles. Gentelles, Cachy, Villers-Bretonneux surtout, emporté, dit une relation allemande, « après une résistance acharnée », sont à notre gauche le théâtre d'une lutte indécise; à notre droite, Saint-Nicolas, Boves, Dury arrêtent longtemps Gœben. Mais Amiens était découvert, et pour ne s'y point faire écraser, la petite armée de Farre dut battre en retraite; elle avait tenu en échec jusqu'à la nuit close les 25 000 hommes et les 120 canons de Manteuffel. La disproportion des effectifs, les pertes allemandes (1 276 blessés ou tués), en regard des nôtres (1 300 blessés ou tués, et 1 000 disparus), disent le mérite des vaincus.

MANTEUFFEL.

Le 28 novembre, Manteuffel entrait dans Amiens et le 30 s'ouvrait la citadelle, après la mort de son commandant, le brave Vogel. 30 canons et 400 hommes venaient grossir l'effrayant chiffre des prises.

En attendant que Rouen bientôt succombât, sur tout le territoire envahi les dernières places étaient en effet tombées, ou une à une tombaient. Soissons, malgré ses 120 canons, dès le 16 octobre, avait vu arborer le drapeau ennemi; un gouverneur prussien déclarait dans ses murs que : « quiconque serait pris les armes à la main sans faire partie de l'armée régulière serait aussitôt jugé comme traître et fusillé, ou pendu sans autre forme de procès ». Schlestadt, le 24 octobre, avait rendu 2 400 hommes et 120 canons; Dijon, prématurément évacué, était, le 31 octobre, tombé aux mains de Werder, après un combat où était tué le vaillant et malheureux Fauconnet; Neufbrisach et le fort Mortier, le 6 novembre, faisaient allemands 5 320 hommes et 113 canons; Verdun, après trois bombardements et de nombreuses sorties, souvent heureuses, capitulait honorablement le 8 novembre, armes et matériel devant après la guerre faire retour à la France; Thionville enfin, le 24, ouvrait ses portes, derrière lesquelles étaient 400 hommes et 200 canons.

Seules Montmédy, Phalsbourg, Mézières et Bitche demeuraient encore; et Belfort, dans les premiers jours de novembre, entamait son héroïque défense.

Cependant la IIe armée, prince Frédéric-Charles, s'avançait en grande hâte vers la Loire. L'étonnante aventure de Coulmiers — désagréable révélation pour le grand état-major prussien — précipitait la marche du Prince Rouge, tant on redoutait à Versailles de voir d'Aurelle pousser de l'avant au secours de Paris. Un peu d'audace, et il avait le temps de battre, avant que les vainqueurs de Metz arrivassent, les seules troupes que lui pouvait opposer Moltke sans trop affaiblir le cordon du siège, cette division d'armée (*Armée-Abtheilung*) confiée au grand-duc de Mecklembourg et composée des vaincus de Coulmiers (Ier bavarois), des pillards de Châteaudun (22e division prussienne), d'une division d'infanterie encore (la 17e) et de quatre divisions de cavalerie.

Mais en vain Gambetta, Freycinet, pressaient d'Aurelle, en vain Chanzy exprimait nettement sa confiance dans une marche en avant; le commandant en chef objectait impossibilités sur impossibilités, considérait comme seule prudente une attente sous Orléans, où l'on établirait un vaste camp retranché, garni de fortifications, armé de canons de marine amenés des ports. Et l'on attendit, immobiles, par les courtes et démoralisantes journées de novembre, sous la pluie, dans la boue. Chanzy obtenait pourtant qu'on gardât au moins la ligne de la Conie; Lipowski poussait ses éclaireurs jusqu'aux deux tiers du chemin de Chartres. Puis le temps passa, de plus belle, jusqu'à ce que l'heure irréparable fût sonnée, jusqu'à ce que Frédéric-Charles enfin, avec ses trois glorieux corps, Alvensleben, Manstein et Voigts-Rhetz, surgît.

Si l'occasion propice disparaissait à jamais, avec l'inertie de d'Aurelle, Gambetta du moins ne perdait pas une minute dans l'organisation quotidienne. Trois corps nouveaux étaient nés depuis Coulmiers, successivement rattachés à l'armée de la Loire : le 17e commandé par Sonis, jeune et brave général arrivant d'Algérie; le 18e par le général Billot, hier lieutenant-colonel d'état-major; le 20e enfin par le général Crouzat. Le 20e corps n'était autre que la petite armée naguère rassemblée dans l'Est par Cambriels, et que Gambetta avait appelée des bords de la Saône. Il ne laissait dans cette partie de la France, devant le XIVe corps de Werder, maître de Dijon, que 1° les forces hétéroclites réunies à Dôle sous le nom d'armée des Vosges et commandées par Garibaldi, 2° le petit corps que le général Crémer, la veille encore capitaine aide de camp du général Clinchant à Metz, formait aux environs de Beaune-la-Rolande, et 3° l'armée de Lyon, amalgame confus aux ordres du général Bressolles. Nous les retrouverons en temps et lieu.

La grande partie se joue en ce moment sur la Loire.

Paris, en effet, depuis Coulmiers, s'agite ; il brûle de s'élancer à la rencontre de cette armée dont il guette à l'horizon le cher fantôme, de ce d'Aurelle qu'il croit en route. Une grande sortie se prépare. Et puis les vivres baissent. Ira-t-on au delà de la mi-décembre? De tout cela Gambetta est averti, et de jour en jour son impatience grandit. L'inaction, qui était déjà une faute lourde, va devenir criminelle. Il faut agir, « faire pourtant quelque chose ! »

Un seul parti, conseillé par Freycinet, s'imposait : destituer d'Aurelle, dont on ne pouvait tirer aucun plan d'opérations, et nommer un général plus entreprenant. Gambetta n'osa pas, par reconnaissance des services rendus, par respect des choses établies. Il s'arrêta à ce compromis, néfaste, puisqu'il établissait une dualité de commandement : donner directement des ordres à l'aile droite.

Le 24 novembre, sur un télégramme de Tours, une division du 15e corps sous le commandement de Martin des Pallières, et les 18e et 20e corps s'ébranlaient donc Gambetta venait de se décider à commencer, sans d'Aurelle, le mouvement vers Paris, par Pithiviers. Trop tard.

Martin des Pallières, à Chilleurs et Neuville-au-Bois, donnait dans les flanc-gardes et les arrière-gardes du corps d'Alvensleben. Les têtes de colonne de Crouzat se heurtaient en même temps au Xe corps (Voigts-Rhetz), livraient les combats de Ladon et de Maizières. Les tergiversations des semaines précédentes avaient laissé à

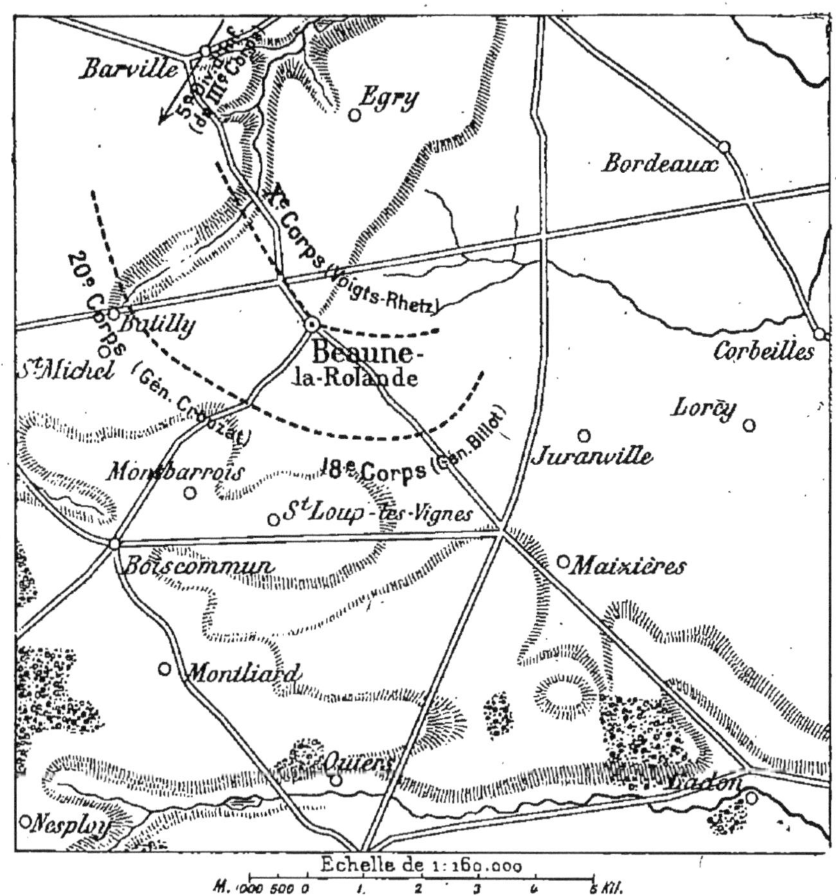

BATAILLE DE BEAUNE-LA-ROLANDE (27 novembre).
Les lignes ponctuées indiquent le front de bataille des deux armées.

Frédéric-Charles le temps d'accourir, de donner la main au grand-duc de Mecklembourg.

Suspendu le 24 novembre au soir, le mouvement est repris le 28, vient se briser définitivement contre Voigts-Rhetz, dans la bataille acharnée de Beaune-la-Rolande.

Vers midi, Crouzat, ayant à ses ordres le 18e et le

20e corps, abordait de front Beaune-la-Rolande, tandis que Billot devait le soutenir à droite. Mais celui-ci ne se dépêtrait pas avant le soir des avant-postes et de l'aile gauche de l'ennemi. Il n'avait pu avancer que pas à pas, enlevait Juranville, Lorcy, les Côtelles et prenait, chemin faisant, un canon, mais ne débouchait devant Beaune-la-Rolande qu'à l'ombre tombée. Crouzat s'était épuisé en inutiles et courageux efforts. Un moment même Voigts-Rhetz, presque cerné, s'était vu dans une situation critique, mais, sans reculer d'une semelle, il attendait, avec une fermeté froide, les secours qui ne pouvaient manquer de venir. Alvensleben arrivait en effet avec une division de cavalerie et une d'infanterie; Voigts-Rhetz était sauvé. Le dernier assaut de Crouzat, à la tête de ses zouaves, se brisait, vaincu, contre Beaune-la-Rolande imprenable. À l'ouest et au sud de la petite ville, le terrain était couvert de morts et de blessés, un millier de Prussiens et 3 000 Français. Deux mille restèrent prisonniers.

« Les jeunes troupes de la République, dit un historien allemand, avaient combattu avec une incroyable bravoure, mais la force des corps engagés fut rompue pour longtemps, l'aile droite de l'armée de la Loire ruinée du premier coup. »

Ce que venaient d'accomplir ces recrues après quinze jours d'inaction dans leurs bivouacs boueux, ces mouvements si peu coordonnés, où le sang français coula si pur, tout cela ne fait que redoubler le regret de l'occasion manquée, cet élan méconnu par d'Aurelle et salué de l'ennemi, l'unanime élan qui eût pu, qui eût dû suivre la journée du 9 novembre.

Aube passagère de Coulmiers, grosse d'une victoire perdue, et au canon de laquelle Paris trompé va répondre pour rien, par le gigantesque écho des canons de la Marne.

CHAPITRE XIV

Les batailles de la Marne
(30 novembre, 1er, 2, 3 décembre).

Spontanément, après Coulmiers, Trochu avait obéi aux circonstances, renoncé à la sortie vers l'ouest, Rouen. L'armée de la Loire venait au-devant de Paris. Il fallait que Paris tentât de lui abréger la route. On décidait bientôt une trouée vers le sud-est, entre la Seine et la Marne, d'où l'on se rabattrait ensuite vers le sud, Fontainebleau...

Ducrot, qui avait proposé le mouvement, fut chargé de son exécution. Le 29 novembre, il devait avec ses trois corps franchir la Marne, enlever les plateaux. On emportait, de façon à pouvoir aller loin et vite, six jours de vivres, et nul bagage, pas même les couvertures. 30 bataillons de la garde nationale étaient mobilisés, en réserve. Le même jour, Vinoy effectuerait une diversion puissante sur L'Hay, l'amiral La Roncière sur Épinay ; le contre-amiral Saisset était chargé de s'établir, avec une solide artillerie, sur le plateau d'Avron, qui s'avançait en coin, dans les lignes allemandes.

Bien que jusqu'aux dernières minutes, Paris eût ignoré la direction de la sortie, une fièvre d'attente et d'espoir surexcitait chacun, après ce long mois d'inaction. On commentait, par groupes, les affiches de Trochu et du Gouvernement. On se répétait les vibrantes paroles de la proclamation de Ducrot, jurant de ne rentrer que « mort ou victorieux ». Aussi, le matin du 29, tendait-on l'oreille avec emotion vers ce bruit sourd du canon, tonnant vers Choisy, Avron, Épinay, tandis que Ducrot, sur la Marne...

Quelle ne fut pas la stupeur, lorsque le bruit courut que l'opération principale était remise. On parlait de ponts trop courts, d'une crue subite... En réalité, l'ingénieur chargé de la construction des ponts, faute de pouvoir remonter à temps avec sa petite flottille le courant trop rapide, n'était pas parvenu à assurer le passage. Ducrot, averti dans la nuit, galopait prévenir Trochu. Que faire ? se lancer dans une autre direction ? Mais l'armée va s'ébranler, le temps manque. Renoncer ? C'est Paris soulevé, une révolution certaine. On se résout à tout remettre à l'aube du 30 novembre, sauf les diversions, qu'on oublie. Mais la surprise est éventée. Et tandis que Vinoy fait tuer inutilement à L'Hay plus d'un millier d'hommes, l'ennemi emploie ces vingt-quatre heures de répit à se masser sur les plateaux, à demi libres aujourd'hui, et que demain il faudra emporter de haute lutte.

Quand l'aube glacée, ensoleillée, du 30 se lève, éclairant l'arc brumeux de la Marne et les coteaux paisibles semés de bois et de villages, 100 000 hommes traversent les ponts, s'élèvent joyeusement sur les routes sonnantes, le sol dur. Agglomération de recrues, de mobiles, avec des cadres de hasard ; multitude prête à vaincre, comme son chef, et sinon, à mourir. Avron, Rosny, Nogent, Saint-Maur, la grande voix des forts et des redoutes s'est élevée, les précède de longues volées d'obus.

Soudain, une batterie wurtembergeoise ouvre le feu, la ligne des avant-postes s'enflamme ; le 1er et le 2e corps se sont déployés ; ils refoulent les compagnies saxonnes de Champigny, du Plant, et de Bry, occupent toute la crête du plateau. Paris vient de mettre le pied sur les collines, voit plus loin, respire.

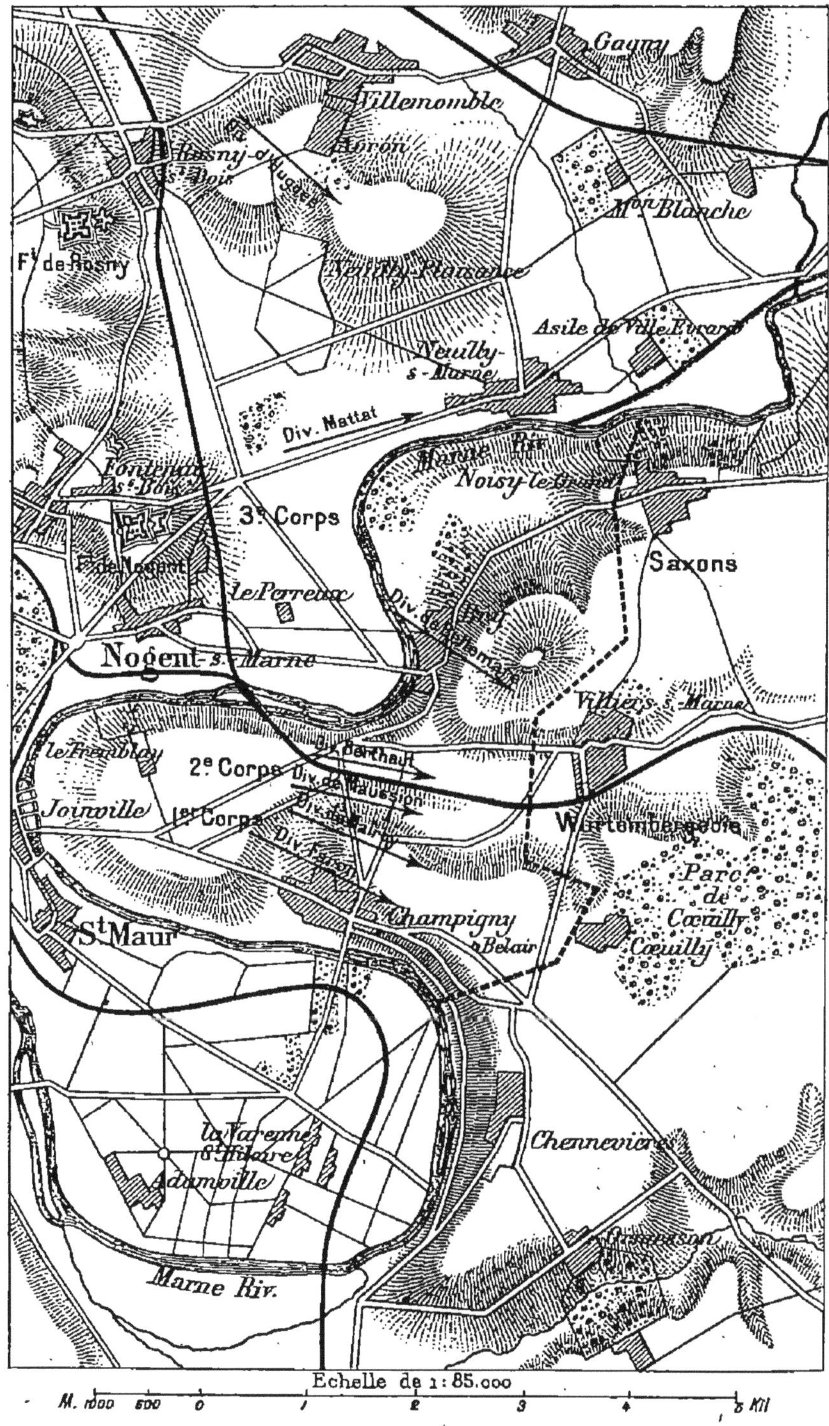

BATAILLE DE CHAMPIGNY (attaques du 30 novembre).

Les flèches indiquent la direction des attaques françaises. La ligne ponctuée indique le front de bataille de l'armée allemande.

On a maintenant devant soi, à droite le château et le parc de Cœuilly, à gauche ceux de Villiers, dressant leurs forteresses naturelles au sommet de la pente. Ducrot, sans songer à les battre au préalable avec son artillerie, lance aussitôt contre Villiers les fantassins de Maussion, de flanc ceux de Miribel, et, contre Cœuilly, la division Faron, du 1er corps. Le général en chef, ayant à cœur son serment, se multiplie, veille à chaque détail de l'action avec tant d'ardeur qu'il en perd la direction générale, toute vue d'ensemble. Il est tranquille, d'ailleurs ; sans doute d'Exéa avec le 3e corps, aile gauche, a maintenant franchi la Marne au-dessus de Nogent et va, suivant l'ordre donné, attaquer Noisy pour se rabattre ensuite sur Villiers qui, débordé, tombera.

Et tandis qu'à la droite, où Faron débouche de Champigny, 3 batteries sont en un instant démontées, et que par deux fois l'élan des régiments vient se briser contre les murs sanglants de Cœuilly, dans un remous furieux où tour à tour lignards et wurtembergeois s'arrachent le terrain jonché de morts, — Ducrot, au centre, devant Villiers, piétine. Maussion, Miribel n'ont pu atteindre le parc meurtrier ; on se bat, on se massacre sans résultat, depuis trois heures. Il est midi. Ducrot fait enfin avancer 8 batteries derrière lesquelles on se réorganise.

Et d'Exéa ? Nul signe de vie. Ducrot lui dépêche un aide de camp. Déjà Trochu, de l'arrière, avait envoyé talonner le vétéran. Il est encore de l'autre côté de la Marne, il ne bouge pas, prétexte que les Saxons occupent trop solidement le coteau d'en face. Même il vient de rappeler à lui Bellemare qui, tout à l'heure, lui a surpris l'autorisation de jeter enfin les ponts, de traverser...

Et, devant Villiers, la lutte s'acharne. Maintenant les Wurtembergeois, les Saxons s'enhardissent. Corps à corps furieux où Ducrot brise son épée dans une poitrine ennemie. Flux et reflux, presque insensible, d'attaques, de contre-attaques, sous ces murs qui sans cesse tonnent, crachent la mort. Quatre batteries de réserve accourent, et, foudroyées, abandonnent deux canons, reculent. Les Saxons, grâce à l'immobilité de d'Exéa, progressent librement à gauche, menaceraient le 2e corps, si de l'autre rive, par bonheur, une batterie ne les apercevait, et, du Perreux, ne les prenait d'enfilade. En même temps Ducrot engage à fond son artillerie. Dans le stupéfiant fracas, le duel des canons se prolonge, d'un bord à l'autre du plateau, par-dessus les milliers de morts. Renault, le commandant du 2e corps, le brave « Renault l'arrière-garde » des guerres d'Afrique, est mortellement blessé. Sous Cœuilly, le 1er corps, après un effort suprême est immobilisé, fourbu. Il est trois heures passées, le jour baisse; Ducrot, désespérant de voir apparaître d'Exéa, décide de rester alors sur la défensive, jusqu'au lendemain.

RENAULT.

Mais il apprend qu'au 1er corps, Blanchard a donné de son propre mouvement l'ordre d'évacuer Champigny, quitté lui-même le champ de bataille. Un assez grand nombre de généraux, peu confiants dans leurs troupes, avaient en effet accueilli la sortie avec froideur et la soutenaient sans entrain. Ducrot profère des menaces de mort, arrête les troupes, se lance à la recherche de Blanchard, quand soudain la bataille, comme un incendie mal éteint, se rallume là-bas, sur la gauche. Ducrot pique des deux, il est quatre heures, la nuit tombe.

C'est l'entrée en scène de Bellemare qui enfin s'est arraché à d'Exéa cramponné toujours à la rive gauche. Mais, au lieu de marcher vers Noisy, selon l'ordre, Bellemare, après avoir enlevé Bry réoccupé par les Saxons, renonce au mouvement tournant prescrit, fonce droit sur Villiers. La brigade Fournès, les zouaves de Châtillon vont s'écraser contre l'imprenable parc, ramènent du moins les deux canons perdus. La nuit s'est faite, le ciel rougeoie. Ducrot arrive, avec un dernier renfort, et tous intrépidement se précipitent encore. C'est en vain. Villiers cerclé de feux rompt cet assaut suprême.

Nuit glaciale, longues heures de souffrance et de ténèbres, pleines des gémissements des blessés, du souffle court des troupes harassées, grelottantes. Cependant Ducrot galope jusqu'à Rosny où repose Trochu, invisible de la journée, et qui s'est borné à une promenade sous le feu à Montmesly. Susbielle y a livré un sanglant combat, tandis que Vinoy, qu'on n'a même pas prévenu de cette diversion, a perdu son temps à enlever, puis à évacuer la Gare aux Bœufs... Que va décider le généralissime? la bataille, glorieuse, reste indécise. Ou plutôt elle est perdue. On s'est heurté à des obstacles devenus infranchissables ; on a, sans résultat, sacrifié l'élite des soldats et des cadres ; et chaque heure qui passe renforce l'ennemi. Il n'y aurait qu'un parti sage : rentrer, pour ressortir, bientôt, dans une direction nouvelle. Mais Paris, ses illusions, sa douleur capable d'aller jusqu'à l'émeute? Et l'imprudente promesse : Mort ou victorieux !... La résolution de Ducrot est prise : se battre encore, pour l'honneur des armes, comme s'il l'exigeait ; s'enfoncer aveuglément, consciemment, dans l'impasse. Trochu approuve.

A l'aube, Ducrot est à cheval, parcourt depuis Champigny les avant-postes, prescrit de nouveaux travaux de fortification passagère. Il arrive à Bry et sa colère est grande. Plus de Bellemare! Il a retraversé la Marne, inquiet pour ses troupes décimées, à la nouvelle de nombreux renforts allemands; il a fait en vain chercher Ducrot toute la nuit, et, ne pouvant obtenir de lui l'ordre de retraite, l'a demandé à d'Exéa qui, tout de suite, de lui-même, l'a naturellement donné. Ducrot fait réoccuper Bry sur-le-champ.

Néanmoins, on n'a de part et d'autre nulle envie d'attaquer, heureux, l'ennemi d'accourir à la rescousse, nous de nous fortifier, de prendre haleine. L'après-midi s'écoule en armistice d'abord tacite, vite ratifié, à relever les blessés et les morts, à remuer la terre, fossés, fosses. Journée morne, sans autres vivres que ceux du sac, ou des grillades de cheval tué. Nuit plus funèbre encore, où le froid mortel sévit (10 degrés au-dessous de zéro). Les membres raides et perclus, l'armée gelée jusqu'à l'âme, s'endort d'un sommeil de cauchemar, dans une prostration sans bornes.

Il est grand jour, et nuit encore, quand elle se réveille, à sept heures passées, à Champigny, à Bry, au milieu de la fusillade et de la canonnade. Surprise qui devient brusquement panique. Une foule éperdue dévale jusqu'à la Marne. Ducrot et ses officiers, sabre et pistolet au poing, barrent, repoussent le flot, puis volent aux premières lignes. En hâte, deux divisions de réserve sont appelées, et sur la rive droite se massent les 30 bataillons de la garde nationale mobilisée.

Du Four-à-Chaux à la rivière, presque tout le front est dégarni. Mais dans Champigny, à demi envahi par deux régiments wurtembergeois, quelques braves du 35e et du 42e tiennent bon, et, à l'abri des maisons, des enclos, des jardins, font tête, dans le bas. De même les mobiles ont repris pied sur le plateau du Signal, rejettent l'agresseur qui ne réussit pas mieux au Four-à-Chaux, où la brigade Paturel l'arrête court et le pourchasse. Ducrot respire, le 1er corps est sauvé. Au centre, la division Berthaut, bien retranchée devant Villiers, n'a pas bronché. A gauche, grâce à l'énergie du général Daudel et du colonel Coiffé, on s'est maintenu dans une moitié de Bry, les Saxons ayant emporté l'autre, après le parc Dewinck. La mêlée est si furieuse que Ducrot, cédant aux instances de d'Exéa, donne un moment l'ordre de la retraite; mais Trochu arrive, fait reprendre l'offensive.

Il est à peine neuf heures. La première poussée du Prince de Saxe pour culbuter l'armée dans la Marne a échoué.

Alors Fransecky lance contre le 1er corps une brigade fraîche. Un des régiments par deux fois vient, revient s'écraser contre la brigade Paturel, dont le brave chef est grièvement blessé; n'importe, elle fonce à la baïonnette, reprend la Plâtrière. A Champigny, les Poméraniens, joints aux Wurtembergeois, s'exténuent à l'assaut. Le village n'est que détonations, flammes et fumée. Brasier énorme qui croule, crépite sous le ciel bleu, dans un éblouissant, un ironique soleil. Au centre, devant Villiers, Berthaut se cramponne ; la réserve d'artillerie est en ligne, tonne de toutes ses pièces. A gauche, les Saxons descendent de leurs retranchements, avancent en masse de Noisy. On se dispute, on s'arrache le plateau repris, perdu, repris. Derrière les tirailleurs, Ducrot, surexcité, galope d'un bataillon à l'autre, sur un cheval blanc comme neige. Cible vivante, volontaire... La victoire? Hélas!... Reste la mort, qu'il cherche. Et si elle ne le frappe pas, c'est qu'elle n'aura pas voulu de lui.

Un autre général s'offre aux balles, avec la même

vaillance, plus paisible : c'est Trochu. Vient-il en généralissime? Non, Ducrot est là, et d'ailleurs, le gouverneur de Paris n'a jamais espéré... En fataliste, il se promène sous le feu, encourage les hommes, félicite les officiers. Et, comme s'il était dans son cabinet du Louvre, il discourt avec sérénité, insensible à cette grêle de fer. Il croit avoir rempli tout son devoir de citoyen et de chrétien. Il remplit maintenant, imperturbable, le devoir d'un soldat.

Le jour avance dans cette effroyable mêlée. Les Saxons ont reculé jusqu'à Villiers, reculé dans Bry. L'artillerie s'enrage. Il est deux heures. C'est l'instant décisif, à Champigny. Quatorze batteries le bombardent, une division nouvelle en a tenté l'assaut, sans que de l'autre côté de la Marne, les canons du général Favé, qui hérissent Saint-Maur, soient sortis de leur silence. Indiscipline des chefs, incohérence du haut commandement, qui laissent tout à faire à l'humble bravoure, tenace, héroïque, du troupier. Dans les rues, dans les maisons, on s'est battu, on se bat avec une sauvagerie farouche. Et le soleil rayonne, et les rares habitants qui n'ont pas voulu quitter leurs ruines contemplent, hagards, cette fournaise.

Des deux côtés, une lassitude pèse. Au Four-à-Chaux, à 50 mètres les uns des autres, Prussiens et Français se regardent, comme hypnotisés, sans bouger. Ceux-ci crient : à la baïonnette! immobiles. Ceux-là restent sourds à la voix de leurs officiers, qui les poussent, les frappent, les injurient. Hébétement tragique. Il est trois heures. Seuls désormais retentissent les forts. L'artillerie allemande se tait; l'ennemi, maître seulement du haut Champigny, a été partout repoussé... L'armée de Ducrot couche sur ses positions, conquises, gardées au prix de tant de sang. Stérile succès, qu'une retraite va suivre.

Le silence s'étend avec le crépuscule. Et sur les plateaux, pour la seconde fois jonchés de tués et de blessés, — en tout 5300 Allemands et 10000 des nôtres, — c'est de nouveau la nuit glaciale, les affreuses ténèbres où lentement s'éteignent les gémissements et les râles.

C'est fini. Ducrot erre dans l'aube livide, se rend compte qu'on est à bout de courage et de force. Il n'a plus le choix : ni victorieux ni mort, en retraite. Par échelons, avec un ordre parfait, sans que les vainqueurs de Wœrth et de Sedan songent un instant à les poursuivre, tant ils ont eux-mêmes ressenti la violence du choc, les troupes dans le brouillard s'ébranlent. Les bataillons mobilisés, et cette fois encore jugés inutiles, mis à l'écart, rentrent tête basse. On murmure, on maudit Ducrot héroïque, mais malheureux, Trochu dévoué à la Patrie, mais sans la foi qui transfigure.

Et Paris, qui durant ces quatre jours a vécu suspendu tout entier à la rumeur immense des canons, Paris qui se pressait vers les fortifications, avide de voir, d'entendre, qui, tassé, fourmillant, noir, escaladait les rampes du Père-Lachaise, d'où l'on distingue l'horizon confus de la bataille, Paris, à la vue des premières colonnes du retour, à la vue des blessés qui sillonnaient les routes, couvraient de lents convois la Seine, Paris sentait se glacer sa fièvre, et déchu de l'ardent espoir, silencieux, abattu, pliait un instant, sous l'effrayant poids de cet investissement qu'on avait en vain tenté de rompre! Le cercle de fer se rivait plus court. La ville, haussée pour respirer dans l'effort des 100 000 poitrines, retombait oppressée, parmi l'air raréfié de sa geôle.

CHAPITRE XV

Batailles de Loigny (2 décembre) et d'Orléans (3 et 4 décembre). — Écrasement de la première armée de la Loire.

Le 30 novembre, une dépêche urgente de Trochu arrivait à Tours. La fatalité voulait qu'elle eût subi dix jours de retard, revînt datée de Christiania (Norvège) où, entraîné par des courants, était allé tomber le ballon-poste parti le 24 novembre. Cette dépêche annonçait la grande sortie de Ducrot, réclamait une action immédiate.

Freycinet, le soir même, court à Orléans. Cette fois, coûte que coûte, on se doit d'agir. C'est assez qu'à plusieurs reprises d'Aurelle ait laissé échapper l'occasion favorable. Il y va maintenant de la plus impérieuse nécessité. Sans doute, c'est à toute l'armée de Frédéric-Charles et du grand-duc qu'on va se heurter. Le premier est en effet concentré autour de Pithiviers, le second est à cheval sur la route d'Orléans à Paris. N'empêche, adieu le camp retranché, où l'on patauge depuis trois semaines. Il faut marcher au-devant de Ducrot, de Paris.

Et puis, quoi ? Ne dispose-t-on pas de cinq corps d'armée? Freycinet rend à d'Aurelle la libre disposition du 18e et du 20e. Il est vrai que ce dernier est, depuis Beaune-la-Rolande, bien entamé, que Crouzat, son chef, désespère. Mais la foi de Freycinet est vivace : il ne sait pas, comment devinerait-il que l'armée de la

Loire, naguère si pleine d'élan, s'est depuis un mois à ce point démoralisée dans l'inaction et le croupissement des bivouacs, qu'à peine en marche, elle se désagrégera, fondra d'un coup !

Partir? d'Aurelle propose de se concentrer au préalable. L'armée est répandue sur un immense front de 20 lieues, séparée en deux par la forêt d'Orléans. Mais, pour se rassembler derrière, à l'abri, on perdrait deux jours. On ne les a pas. Freycinet décide que l'armée s'ébranlera telle quelle, en masses distinctes : le 16e et le 15e corps vers Pithiviers, Malesherbes, le 18e et le 20e vers Beaune-la-Rolande, Nemours, le 17e en réserve. Objectif central : Fontainebleau; on se mettra en route dès le lendemain, 1er décembre, le 16e corps et partie du 15e, après avoir opéré un mouvement préliminaire de concentration vers leur droite, parallèlement au front.

Un malentendu fit que Chanzy, qui avait l'ennemi devant lui, proposa, et que d'Aurelle laissa exécuter, non le mouvement prescrit, mais un changement de front, qui le jour même jeta tout le 16e corps, aile gauche marchante, en plein corps bavarois. Aussitôt le grand-duc de Mecklembourg concentre toute son armée sur sa droite, prend l'offensive.

D'où, après l'heureuse journée de Villepion, ce fatal et glorieux lendemain de Loigny, qui met hors de combat notre gauche, comme Beaune-la-Rolande avait fait de notre droite.

Le 1er décembre donc, Chanzy levait ses camps. Temps clair et froid qui durcissait la neige, rendait la marche facile. Bientôt on donnait dans les avant-postes ennemis. La division Jauréguiberry emportait Gommiers, Nonneville, Faverolles, Villepion enfin, après un combat des plus vifs, achevé seulement à la nuit close. L'ennemi laissait sur le terrain un millier d'hommes, dont 200 prisonniers.

Beau succès, à effectifs égaux, à pertes égales, et qui donnait le plus vif espoir. L'armée, ce soir-là, s'endormit contente, malgré le froid, l'absence de feux. Elle avait appris l'heureux début de la sortie de Paris, la grande bataille de Villiers-Cœuilly. Une proclamation de Gambetta, sur la foi de la dépêche, amplifiait les résultats, et, — par suite d'une confusion avec Épinay, où sur la Seine La Roncière Le Noury s'était battu, — montrait déjà Ducrot hors des lignes allemandes, atteignant Épinay-sur-Orge.

CHANZY.

Le 2 décembre, vers huit heures, le 16e corps reprend son mouvement. La division Barry, — direction le château de Goury, les fermes Morâle et Beauvilliers, — la division Morandy, — direction Lumeau, — sont en tête. Le vainqueur d'hier, Jauréguiberry, suit Barry, en seconde ligne. Sur la gauche est la division de cavalerie du général Michel, qu'une inexplicable erreur rejette bientôt, inutile, en arrière. Le 17e corps, appelé en hâte par Chanzy, pour lui servir de réserve, est encore loin, et, déjà bien las, précipite sa marche forcée.

JAURÉGUIBERRY.

Barry, presque aussitôt, s'est heurté aux avant-postes, les a rejetés, dépasse Loigny. Mais à peine entame-t-il vraiment la lutte, il voit plier ses deux brigades et doit rétrogader sur Loigny. De même Morandy, qui a la plus faible division de l'armée, échoue devant Lumeau, et se replie en pleine débandade, bien en arrière. Jauréguiberry s'élance alors. L'énergique brigade Bourdillon pousse jusqu'au parc de Goury, s'y cramponne. La brigade Deplanque occupe un moment la ferme Morâle.

Mais Von der Tann et ses Bavarois, la 17e division prussienne et les cavaliers du Prince de Prusse donnent un plus furieux effort. Bourdillon recule jusqu'à Loigny, et Deplanque vers Villepion, à notre gauche dégarnie. Loigny brûle, dans un fracas terrible. Les Bavarois avancent. Il n'y a plus que quelques braves du 37e qui tiraillent encore, retranchés dans le cimetière. La nuit vient, dans le froid vif.

Chanzy, sa première ligne enfoncée, a depuis longtemps fait appel au 17e corps, accouru par paquets, de Patay. Il presse Sonis, qui a déjà engagé sur la gauche partie de ses fantassins et de ses canons. Un effort suprême est nécessaire, à Loigny. Sonis voit un de ses régiments lâcher pied. Il essaie de le rallier, de l'entraîner. Impossible. Désespéré, il court à quelques mobiles des Côtes-du-Nord, aux volontaires de Charette (les anciens zouaves pontificaux). Avec des francs-tireurs de Tours et de Blidah, ils sont 800. En tête Sonis et Charette, avec leur fanion blanc, une bannière de soie brodée d'un Sacré-Cœur. Loigny à 1200 mètres crache balles et mitraille. La petite colonne de héros se rue à la charge, enlève le large découvert, la ferme de Villours, les boqueteaux jalonnés de morts. Sonis tombe, la cuisse brisée, Charette a son cheval tué, la charge avance. L'étendard blanc, quatre fois abattu, est quatre fois relevé. On arrive jusqu'aux premières maisons de Loigny. Tresckow inquiet engage ses dernières réserves, deux bataillons. L'assaut tourbillonne et reflue. L'admirable troupe réduite des deux tiers, se replie, parcourt fièrement, en sens inverse, le calvaire qu'elle a gravi..

Alors, leurs cartouches épuisées, les derniers défenseurs de Villepion se rendent. Sur la plaine noire fermes et

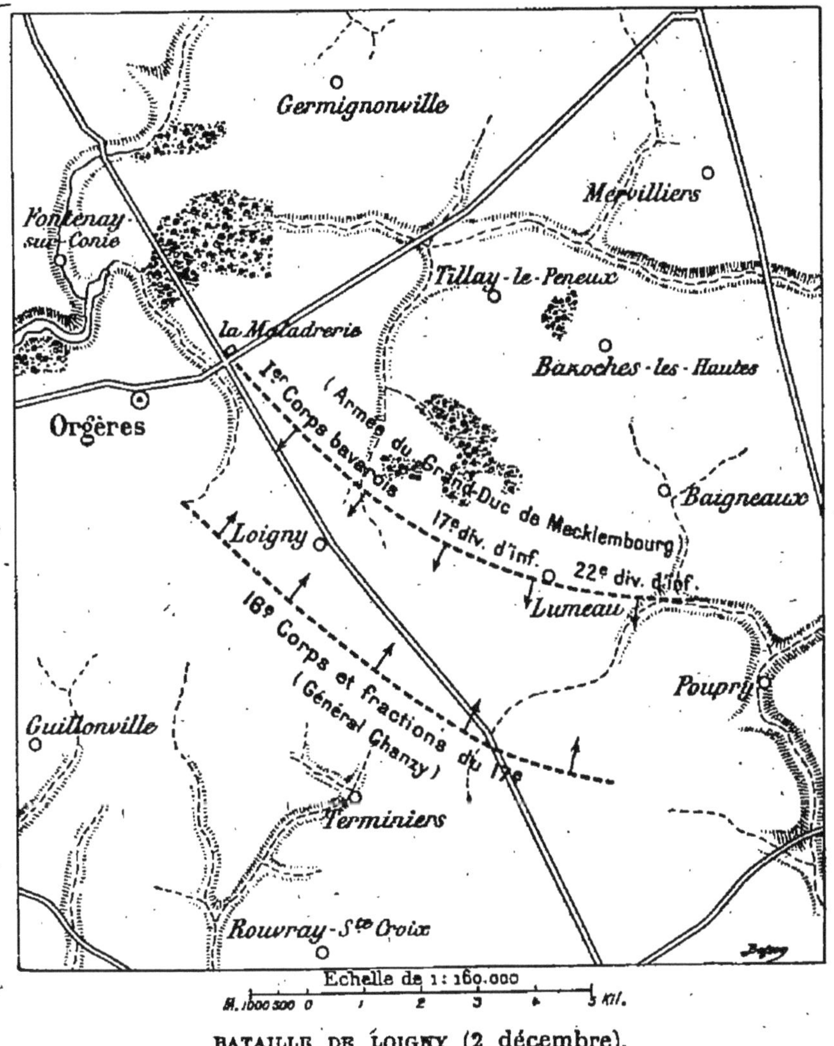

BATAILLE DE LOIGNY (2 décembre).

Les lignes ponctuées indiquent le front de bataille des deux armées.

villages brûlent comme de grandes torches. La neige tombe dans les ténèbres glacées. Le 16e et le 17e corps s'écoulent en désordre. Retraite confuse, éreintée, grelottante, dans le roulement sourd des batteries en fuite, qui s'éloignent au galop sur les routes sonores.

En même temps qu'à Loigny Chanzy se brisait de la sorte, une division du 15e corps, tout près, à Poupry, livrait un combat indécis. Menée avec plus de vigueur, l'attaque de Peytavin contre Wittich eût pu être, pour Chanzy, une diversion puissante, le salut peut-être, si la seconde division du 15e corps, en marche dans ces parages, eût accouru au canon. Mais les têtes de colonne de la division Martineau n'apparurent qu'à la nuit. Le désastre de notre aile gauche était complet. Les pertes, des deux côtés considérables; Allemands : 200 officiers, 3 938 tués, blessés, ou disparus; Français : 4 000 tués ou blessés, 2500 prisonniers non blessés, 8 canons, un drapeau, une mitrailleuse.

Continuer la marche, le 3 décembre? il n'y fallait plus songer.

D'Aurelle n'avait d'intact sous la main que Martin des Pallières avec la première division du 15e corps, mince cordon en avant de la forêt, sans réserves; à 12 kilomètres plus loin, vers Artenay, était la division Martineau, fatiguée; plus loin encore la division Peytavin, très entamée, et Chanzy rompu qui demandait des renforts. Quant à l'aile droite, 18e et 20e corps placés le jour même sous les ordres de Bourbaki, elle était si loin que d'Aurelle jugeait inutile de s'en occuper. Sur les instances de Freycinet, il prévenait cependant Bourbaki d'appuyer vers le centre, pour soutenir au besoin des Pallières. Mais ses instructions n'arrivaient à destination que le soir du 3, et ne purent être exécutées.

Un seul parti donc : se retirer sans retard sur le camp retranché. D'Aurelle, dans la nuit du 2 au 3, donne ses ordres en conséquence.

Cependant Frédéric-Charles, qui dans la journée du 2 décembre n'a pas bougé, redoutant l'offensive des 18e et 20e corps, a reçu à la fin de l'après-midi un télégramme de Moltke (lancé durant la bataille de Champigny — gagnée à cette heure), prescrivant l'offensive immédiate sur Orléans. Le Prince Rouge apprend sur ces entrefaites l'issue de la bataille de Loigny-Poupry. Il n'hésite plus, et laissant devant les deux corps de Bourbaki le faible masque d'une division de cavalerie, de 4 bataillons et de 6 pièces, il converse franchement vers le sud-ouest, ébranlant ses trois corps à l'attaque concentrique d'Orléans. Ordre au grand-duc de Mecklembourg de foncer également, droit devant lui.

Quand après une glaciale nuit de neige, le matin du 3 décembre se leva sur les 200 000 hommes épars qui constituaient encore à cette heure cette armée de la Loire, — il y a moins d'un mois victorieuse, et l'avant-veille d'apparence si redoutable encore, — qui eût pu dire que, le lendemain soir, ceux-là mêmes dont on attendait le salut de Paris ne seraient plus qu'une informe cohue, anéantie et dispersée ?

Quarante-huit heures de surhumaines souffrances, succédant à trois semaines de lente démoralisation, il n'en fallut pas plus pour tout dissoudre aux mains de d'Aurelle stupéfait, propre artisan de son malheur.

Le fameux camp retranché n'offrait du reste, malgré ses puissants canons de marine, au tir sans vues, borné de toutes parts, que la protection la plus faible. De la double ligne d'ouvrages, la première s'étendait sur la lisière de la forêt, avec trois batteries seulement, la seconde, trop près des faubourgs, nullement fermée, ne couvrait même pas les ponts. Mais les fortifications les meilleures, sans l'ardeur à les défendre, que sont-elles? Or, toute discipline, toute flamme patriotique, presque tout courage avaient disparu de ces masses flottantes, prêtes à s'émietter au premier choc. Pliés en deux, sans fusils, sans sacs, déjà, sur l'arrière, des centaines d'hommes tournaient le dos à l'ennemi, s'empressaient vers la ville.

Toute la journée du 3, à pas lents, poussant devant lui cette foule, le Prince Rouge avance. A Chilleurs, Neuville-aux-Bois, il bouscule la division des Pallières attardée, et dont les régiments harassés, meurtris, se traînent à travers la forêt, dans le crépuscule, dans la nuit. A Artenay, puis à Chevilly, il enfonce la division Martineau qui, déployant une énergie de vieilles troupes, faisant 11 kilomètres en dix heures, vient coucher à Cercottes, après une lutte tenace. Mais une pluie glacée tombe depuis la fin du jour, rend les bivouacs intenables; l'excitation du combat se dissipe, les routes se couvrent d'une longue débandade, d'un moutonnement de troupeaux sinistres. En vain d'Aurelle se met en travers de la grande rue du village, prie, conjure, menace. Le flot passe.

A l'Encornes, à Huêtre, les divisions Barry et Peytavin avaient inutilement réussi à retarder, un moment, l'envahisseur. Le 16e et le 17e corps étaient refoulés, s'écartaient malgré eux d'Orléans. Chanzy demandait à se replier le long de la Loire, vers Beaugency.

D'Aurelle, devant ce désastre, se résignait à évacuer Orléans, le télégraphiait à Tours : le 16e et le 17e corps gagneraient Blois ; le 18e et le 20e, Gien ; le 15e se retirerait en Sologne. Freycinet, atterré, mais avec son inlassable énergie, répond aussitôt : « Rappelez à vous le 18e et le 20e corps... Resserrez les 15e, 16e et 17e... Utilisez vos lignes de feu, dont vous-même naguères me vantiez la puissance, et opposez dans ces lignes une indomptable résistance. » — « Je suis sur les lieux, riposte d'Aurelle, et mieux en état que vous de juger la situation. » Elle est perdue à présent, il n'est que trop vrai. D'Aurelle maintient l'ordre d'évacuation.

Le dernier jour de l'armée de la Loire est venu. Il fait, le 4, un ciel clair, et le vent froid souffle sans trêve, coupe comme l'acier. Dès l'aube Frédéric-Charles rentre en chasse, précipite ses coups de bélier. Chanzy un instant se maintient à Patay, mais bientôt, à Boulay, à Ormes, les divisions Barry et Morandy lâchent pied ; elles fuient pêle-mêle, balayées par un sauve-qui-peut irrésistible. Cependant d'Aurelle s'est ravisé ; avec Martin des Pallières qu'il a trouvé le matin, à son arrivée dans Orléans, il espère pouvoir défendre la seconde ligne d'ouvrages, le télégraphie à Freycinet, prescrit à Chanzy l'offensive. Le commandant du 16e corps n'a plus avec lui que Jauréguiberry, il n'en tente pas moins une démonstration sur Coinces, essaie de traverser ensuite les bois de Bucy. Impossible, il faut rétrograder sur Huisseau, quitte à recommencer demain. Mais tout s'achevait le soir même.

A Gidy, à Ormes, la division Peytavin était définitivement dispersée. Partie reflue sur Orléans, traverse la Loire ; l'autre défend le soir les abords de la ville, ralliera ensuite, le long de la Loire, Chanzy. A Cercottes, la division Martineau a reçu le dernier choc, elle reflue précipitamment vers la ville. A Vaumainbert, à Saint-Loup, ont fondu les restes de la division des Pallières. Une à une, sur les positions tombant d'elles-mêmes, les batteries de marine ont éteint leurs feux, encloué leurs canons. Quant aux 18e et 20e corps, saufs, n'ayant pas combattu, ils ont pu franchir les ponts de Jargeau et de Sully. Leur démoralisation est complète.

D'Aurelle, sans armée, avertit la Délégation de l'abandon fatal. Gambetta, qui accourait au danger, a trouvé la voie coupée à La Chapelle, et, désespéré, rebrousse sur

Tours. Une confusion inouïe, un affreux tumulte sont déchaînés sur les faubourgs, la ville, les ponts chargés à

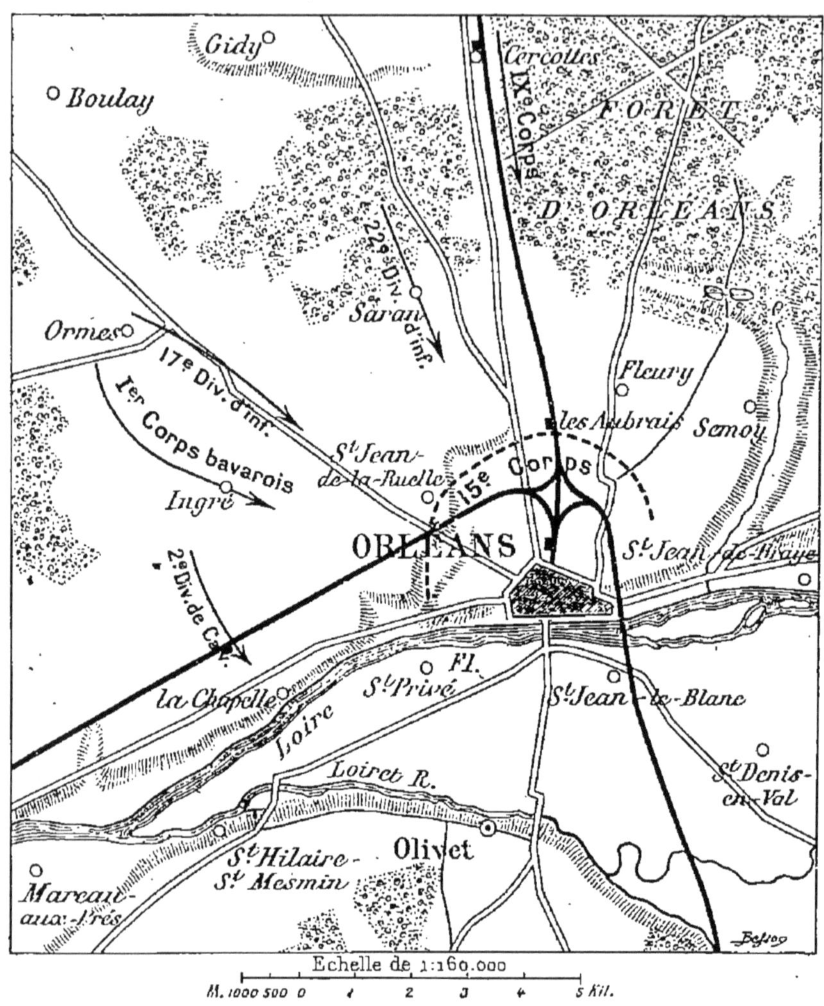

DEUXIÈME BATAILLE D'ORLÉANS (2e jour, 4 décembre).

Les flèches indiquent la direction des attaques allemandes. La ligne ponctuée indique le front de bataille de l'armée française.

rompre, la rive opposée couverte à perte de vue de fuyards. Dans Orléans même, on s'entasse. Les soldats envahissent les cabarets et les bouges, jonchent les trottoirs, mendient. Les officiers emplissent hôtels et cafés; on est si las que tout à l'heure on se laissera ramasser, sans un geste. La nuit s'épaissit. Le cercle allemand se resserre.

A huit heures, les vainqueurs sont aux portes, menacent d'ouvrir le bombardement si tout n'est soudain évacué. Après deux heures de pourparlers, ils font grâce de deux heures encore, se souciant peu d'un combat de rues, la nuit. Et sur les ponts où l'on s'écrase, au-dessus de la Loire charriant dans l'ombre des glaçons énormes, la déroute sans nom dégorge à flots pressés, tandis que minuit et demi sonnant, dans la ville en deuil, le long des rues désertes et des maisons noires, le grand-duc de Mecklembourg pénètre, au son aigre des fifres, au roulement des tambours plats.

Triomphale musique, qui ne croyait saluer qu'une éclatante victoire, dont Orléans réoccupé, 18 000 prisonniers et 74 canons n'étaient que les signes matériels, et qui célébrait, à l'insu de tous, la fin virtuelle de la guerre.

Car cette destruction inattendue de l'armée de la Loire, c'est, après l'effort brisé de Paris, un coup irrémédiable porté à la Défense. Durant les sombres mois de décembre et de janvier, elle ne fera désormais que s'agiter douloureusement, en héroïques, impuissants tronçons, sans pouvoir plus se réunir.

TROISIÈME PARTIE

DES PREMIERS JOURS DE DÉCEMBRE A LA RATIFICATION DES PRÉLIMINAIRES DE LA PAIX

CHAPITRE XVI

CHANZY. — FAIDHERBE. — BOURBAKI. — RÉORGANISATION DES ARMÉES. — LA DÉLÉGATION DE BORDEAUX. — LES LIGNES DE JOSNES ET DU LOIR (7, 8, 9, 10 décembre). — LA RETRAITE SUR VENDÔME ET LE MANS (19 décembre).

L'écrasement de la grande armée de secours et l'échec de Paris sur la Marne ouvrent la troisième et dernière phase de la lutte. Douloureuses convulsions de la Capitale, élans désespérés de la Province; le drame va se précipiter, avec une inflexible fatalité et une sinistre grandeur. L'attitude stoïque de Paris, ce courage que ses chefs bornèrent à n'être que passif, mais qui sut l'être avec une majesté farouche, jamais démentie aux heures les plus noires; d'autre part l'entêtement sublime de Gambetta et de ses lieutenants, Freycinet, Chanzy, Faidherbe, puisant dans chaque désastre plus d'énergie et d'espoir, et ce peuple de France enfin, qui, en dépit de quelques fiers tressauts témoignant par éclairs de la vertu de la race, se laisse bientôt rouler inerte sur la pente; il y a là, aussi bien que dans la volonté acharnée du vainqueur, un exemple douloureux et grandiose, une leçon qui ne sera point perdue.

Ces premiers jours de décembre 1870 sont un des pires moments de la crise; les vivres de Paris, sa seule force, puisque Trochu, avec les intentions les meilleures, ne sait point utiliser les autres, — les vivres, c'est-à-dire la durée de la résistance, diminuent. Et, sur la Loire, plus d'armée. Le 16e et le 17e corps sont encore le long du fleuve, mais en quel état ! Les trois autres se décomposent, tombent en lambeaux. Le 15e entièrement débandé, est rejeté jusqu'à Vierzon ; des détachements éperdus ont fui jusqu'à Limoges. Le 18e et le 20e, masses confuses, reculent au sud, le plus loin possible de l'ennemi. Cette situation tragique, — où la Délégation se pouvait en partie reprocher d'être tombée, d'abord par une erreur de choix et surtout de maintien dans le commandement militaire, puis par sa minutieuse ingérence, — ce groupement que les circonstances ont imposé, Gambetta, avec une décision admirable, un étonnant ressort d'espoir, les exploite, en tire une combinaison qui eût été peut-être le salut, si les acteurs qu'elle jetait au premier plan de la scène se fussent valu les uns les autres...

L'armée est rompue en deux? Soit ! plus de d'Aurelle. Il y aura dorénavant deux armées : La première, 15e, 18e et 20e corps, est confiée à Bourbaki, et va reprendre immédiatement l'offensive, la marche vers Fontainebleau, par Gien, Montargis. La seconde, réunie sous Chanzy et comprenant les 16e et 17e corps, une colonne mobile venant de Tours et le 21e corps, — formé d'hier et amené du Mans par le capitaine de vaisseau Jaurès, — campera sur place, entre la forêt de Marchenoir et

Beaugency. Pour mission : tenir tête aux vainqueurs, couvrir Tours et la Délégation menacée.

Et en même temps l'armée du Nord, qui maintenant est forte de deux corps, 22ᵉ et 23ᵉ, tentera, avec son vaillant chef Faidherbe, de coopérer à l'action commune.

Il convient d'éclairer, d'un peu de juste lumière, ces trois figures qui se détachent sur l'ensemble de la défense.

Chanzy le Tenace d'abord, le meilleur des généraux que, de l'aveu de Moltke, les Allemands aient trouvé devant eux, dans cette guerre.

Quarante-sept ans, une haute maturité d'esprit jointe à une résistante vigueur physique. Déjà chauve, et pourtant d'aspect jeune, élancé, le visage fin et énergique. Soldat de réflexion et de volonté, âme loyale : un caractère. Son pur titre de gloire restera de n'avoir, dans les pires catastrophes, avec une immense et traînante ombre d'armée, jamais désespéré du lendemain. Comme Gambetta, Chanzy n'eut jusqu'à la dernière heure qu'un vœu : débloquer Paris, lutter à mort. Leurs noms demeureront associés dans l'histoire. Qu'ils le soient dans la reconnaissance et la vénération de cette patrie, redevenue grande aujourd'hui, et dont à l'heure suprême ils n'ont pas douté !

Puis Faidherbe, un brave, un savant. Long corps maigre rongé de fièvres, tête osseuse, au front haut, aux yeux caves, de pensée ardente, de calme froid sous des lunettes, Faidherbe le Sénégalien, — qui le premier organisa, civilisa notre colonie, — et qui avec la petite armée du Nord sut s'avérer l'égal du vainqueur, à force de vaillants combats, d'habiles retraites.

Gambetta eut, avec Bourbaki, la main moins heureuse. Le brillant divisionnaire de la Garde, le héros de l'Alma,

6

s'il sut toujours incarner au feu l'entrain et le courage français, ne devait malheureusement pas montrer, dans le difficile jour-à-jour, les qualités qui immortalisent Faidherbe et Chanzy, jusque dans leurs défaites. Il apportait un dévouement sincère mais abattu, ne voyait d'avance, partout, toujours, qu'irrémédiable désastre. Survivant de l'empire, beau nom auquel on s'était raccroché (par fétichisme des vieilles gloires, par pénurie d'hommes aussi), il flottait à toute vague, non point bouée, mais épave.

Ce que, à la tête d'identiques armées, Chanzy, Bourbaki résolurent, — la conduite opposée de ces deux hommes dans cette quinzaine de décembre, où l'un s'illustrait par la défense des lignes de Josnes, puis du Loir, et sa célèbre retraite de Vendôme et du Mans, où l'autre se terrait, immobile à Bourges, sans que l'en pussent faire sortir supplications ni ordres, — il est peu d'aussi instructif et saisissant contraste.

BOURBAKI.

Orléans, dans la nuit du 4 au 5 décembre, a été évacué. Les Allemands sont si las, après leurs trois jours de victoire, qu'ils ont poursuivi à peine, se sont endormis, rompus, sur leur conquête. Ils savent en gros, par quelques prises de cavalerie, la scission en deux masses : l'une vers Gien, l'autre vers Blois, le centre dispersé en Sologne... Le 7 seulement, le grand-duc de Mecklembourg se remet en marche, par la rive droite, le long de la Loire, vers Blois, Tours; un corps d'armée de Frédéric-Charles suit parallèlement la rive gauche. Le gros de la IIe armée reste concentré à Orléans contre Bourbaki, que, bien à tort, le Prince Rouge redoute surtout.

Chanzy, le 5 et le 6 décembre, a réorganisé ses troupes, chemin faisant; et le 7 au matin, quand le grand-duc commence son mouvement, croyant n'avoir à pousser devant lui que des débris, il se heurte à une armée nouvelle, solidement assise sur des positions imprévues. A gauche, appuyé à la forêt de Marchenoir, c'est le 21e corps, intact; à droite, appuyée à la Loire et occupant Meung, en avant de Beaugency, c'est la colonne mobile venue de Tours avec le général Camô. Au centre la division Jauréguiberry et le 17e corps. On se souvient que les deux autres divisions du 16e corps, Barry et Morandy sont, depuis Loigny et Orléans, si atteintes, qu'elles ont précipitamment reculé jusqu'à Blois. Chanzy espère du moins que Barry s'y pourra maintenir, défendre la ville, tandis que Morandy, avec ce qui lui reste, occupera Chambord, tous deux lui servant de flanc-garde en arrière, sur l'autre rive.

Alors une lutte héroïque commence, entre ces jeunes troupes épuisées déjà par les dures souffrances des jours précédents, par les marches, les privations, le froid, par la défaite, et ces vieilles troupes aguerries, presque aussi lasses il est vrai, mais soutenues par leurs récentes victoires et le désir d'en finir.

Spectacle admirable que le surgissement, devant l'adversaire stupéfait, de cette armée subite, jaillie de sa ruine, comme un phénix de ses cendres! Éclatant témoignage de ce que peut le soldat à la dernière limite de ses forces, ravagé d'épuisement et de froid, quand un chef décidé le ranime, le soutient de son inébranlable foi.

Il est hardiment permis de dire que cette résistance des lignes de Josnes, cette interminable bataille que nous appelons bataille de Villorceau, et les Allemands bataille de Beaugency, est une des plus glorieuses pages de la guerre, le plus beau moment de la Défense nationale.

l'immortel honneur de Chanzy. On se bat quatre jours durant, sans repos ni trêve, résistant pied à pied, cédant à droite par suite du recul de la division Camô, regagnant

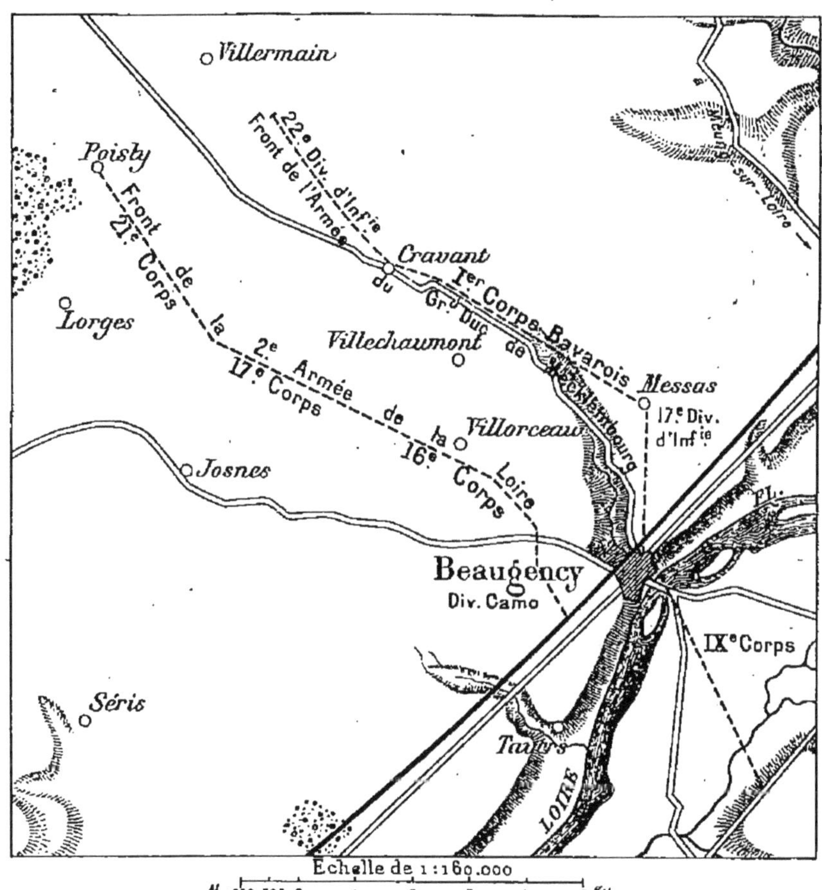

BATAILLE DE JOSNES, DE VILLORCEAU OU DE BEAUGENCY
(7, 8, 9, 10 décembre).

Les lignes ponctuées indiquent les fronts de bataille des deux armées.

à gauche. Le 7 décembre, lutte indécise. Le 8, les Bavarois plient au centre, devant Josnes, mais enlèvent Beaugency et Messas, évacués après la blessure de Camô. Le 9, on se cramponne aux hauteurs de Tavers, en arrière de Beaugency; on recule à peine de deux kilomètres, après une lutte vive à Villorceau, à Villejouan, à Origny

Gambetta est accouru à l'armée, le soir du 9 ; il vient se concerter avec Chanzy et tous deux passent la nuit au travail : complément d'organisation, resserrement des cadres, mais surtout débattent la grande question : quel parti prendre? La Délégation le jour même a quitté Tours, s'est transportée à Bordeaux. C'est un souci de moins pour Chanzy, qui n'a plus à la couvrir. Et si Bourbaki de son côté daignait, avec ses trois corps, venir le moins du monde à son secours, tentait seulement une démonstration sur l'autre rive... Mais après une courte pointe sur Gien, aussitôt arrêtée, Bourbaki s'est retiré vers Bourges, pour s'y aller refaire. Impossible, affirme-t-il, de tenir campagne. Comme si les héros de Josnes, qui ont tout autant, davantage même souffert que leurs camarades, n'eussent pu, au lieu de se battre, alléguer exactement les mêmes raisons ! En vain, par télégraphe, Gambetta, Freycinet harcèlent Bourbaki, en vain Chanzy le supplie... Le ministre se décide alors à courir à Bourges, pour examiner sur place, et Chanzy abandonné à lui-même tente une fois encore le sort des armes, avant de se résoudre à battre en retraite sur la ligne du Loir. — « Qui sait, disait-il, avec sa ferme espérance, ce que peuvent apporter les changements de fortune, si fréquents à la guerre ! L'ennemi est aussi fatigué que nous. »

Et le 10 ses recrues exténuées livrent leur quatrième bataille, reprennent Origny, tentent d'envelopper par la droite le grand-duc. Si le succès final restait à celui-ci, avec 10 canons, et plus de 4 000 prisonniers, il le payait du huitième de son effectif. Les Bavarois de Von der Tann, définitivement écrasés, gagnaient l'abri d'Orléans et ne paraissaient plus de la guerre.

Pour céder une lieue à peine de terrain, nous n'avions

pas mis moins de quatre-vingt-seize heures : quarante-huit d'enragé combat, et quarante-huit encore, plus pénibles peut-être, de meurtrières nuits, aux courts sommeils sur la terre gelée. — Car jusqu'alors, soi-disant pour une meilleure discipline (idée très fausse), on a campé en plein air, à la mode d'Afrique, tandis que les Allemands, eux, cantonnaient, se carraient à l'aise, au chaud dans les villages. Le 13 décembre seulement, Gambetta autorisera les armées françaises, chez elles, à en faire autant...

Mais, venant à l'aide du grand-duc de Mecklembourg fourbu au point de ne pas poursuivre ou à peine, Frédéric-Charles, libéré par l'inaction de Bourbaki, accourt avec son armée ; en même temps, après Chambord, où Morandy s'est laissé surprendre, Blois terrifiée est prématurément évacuée par Barry. Chanzy, complètement découvert sur sa droite, se replie alors en manœuvrant sur Vendôme, par une belle mais pénible retraite de deux jours.

Une pluie torrentielle détrempe les champs gluants de la Beauce, à travers lesquels les immenses bandes de l'armée pataugent. Marche plus douloureuse qu'un combat. En dépit des efforts surhumains de la Délégation, et des vivres et des munitions qui affluent pêle-mêle, les soldats hâves, en haillons, ont figure de spectres. Beaucoup se dispersent, jettent leurs armes, désertent. Le 12, la division Wittich ramasse plus de 2 000 prisonniers volontaires. Il était temps qu'on arrivât, le 13, à Vendôme.

Sitôt là, Chanzy se retourne, fait face. Le 16e corps (Jauréguiberry) occupe la rive gauche du Loir, en avant de Vendôme ; le 17e et le 21e la rive droite, jusqu'à hauteur de Morée ; une division de Bretagne, amenée des boues du camp de Conlie par le capitaine de vaisseau Gougeard, tient Cloyes, à l'extrême gauche; à l'extrême droite, vers Saint-Amand et Montoire, les restes des divisions Barry et Morandy, venant de Blois évacuée. Vaste front de 30 kilomètres sur lequel bientôt les feux s'allument, le courage revient.

Mais, dès le 14, apparaissent les têtes de colonne des Allemands, armées du grand-duc et de Frédéric-Charles réunies. Elles s'emparaient à notre gauche, après un vif combat, de Fréteval et de Morée. Le 15 au matin les marins de Jaurès reprenaient Fréteval, détruisaient le pont. Et tandis que les troupes épuisées du grand-duc réattaquaient en vain, deux corps de Frédéric-Charles entraient en ligne. Les efforts de l'un se brisaient à Sainte-Anne contre la résistance de Jauréguiberry; l'autre réussissait à emporter, au centre, les hauteurs de Bel-Essor dominant Vendôme. La ville était découverte, Jauréguiberry menacé de flanc. La nuit, silencieusement, acheva la défaite : l'armée à bout se débandait.

Force fut à Chanzy d'ordonner de nouveau la retraite. Les ponts sautèrent; deux petits combats d'arrière-garde, à Épuisay, à Droué, furent toute la poursuite du vainqueur. Moltke, en effet, soucieux de ne pas s'affaiblir en étendant outre mesure sa ligne d'invasion, avait décidé de rappeler vers Chartres l'armée du grand-duc de Mecklembourg; elle était au même point d'abattement que celle des vaincus; quant à l'armée de Frédéric-Charles, elle remontait à toutes jambes vers Orléans, à l'annonce d'une bien tardive, bien incomplète diversion de Bourbaki sur Vierzon. Le Prince Rouge s'élançait à marches forcées, faisait parcourir au corps de Manstein 20 lieues en vingt-quatre heures, tant ses craintes étaient grandes, montraient ce qu'on eût pu attendre d'une intervention hardie de ce côté. Mais Bourbaki s'en tenait là. Frédéric-Charles, trop heureux, fit de même. Chacun, de guerre lasse, soufflait.

Ainsi Chanzy put exécuter, sans être inquiété, sa retraite sur le Mans. Il y arrivait le 19 décembre, après quatre jours de suprême misère. Son armée n'était plus alors qu'un assemblage sans nom, qui succombait de toutes parts, craquait, fondait... Des rideaux de cavalerie avaient dû arrêter, ralentir la course éperdue des fuyards vers le Mans. Le 19 au soir, pourtant, on s'établissait en avant de la ville, à cheval sur l'Huisne. On occupait les positions prescrites.

La 2e armée de la Loire, échappée pour la troisième fois, grâce à Chanzy, à une destruction complète, allait pouvoir se refaire là, attendre, provoquer même de nouvelles attaques. Elle devait à la seule énergie de son chef, à cette vigilance, à cette indomptable ténacité, non seulement de vivre encore, mais d'avoir illustré son malheur.

CHAPITRE XVII

GARIBALDI ET L'ARMÉE DES VOSGES A AUTUN. — CRÉMER A NUITS (18 décembre). — LE MOUVEMENT DE BOURBAKI VERS L'EST. — BATAILLE DE PONT-NOYELLES AU NORD (23 décembre). — PARIS : DEUXIÈME ÉCHEC DU BOURGET (21 décembre).

A la mi-décembre, voilà donc les masses de l'invasion immobilisées. Moltke craint de s'user dans la guerre de détail. C'est la seule que les Allemands redoutent. Leur peur des francs-tireurs, d'une résistance cramponnée au sol, le montre bien. C'est la seule en situation avec nos troupes improvisées, braves mais, par la force même des choses, incapables de batailles rangées. On improvise des partisans, on n'improvise par des armées. Aussi l'ennemi évite-t-il de se disséminer, garde de façon permanente certains points. On attendra « que les forces françaises se soient réunies en corps assez importants, pour se porter contre elles et les détruire ».

Devant Paris est le gros (Prince Royal et Prince de Saxe), au guet, tandis que chaque jour qui passe fait son œuvre, use lentement la grande ville. Puis, pour couvrir le blocus, dont les lignes se hérissent à loisir des grosses pièces nécessaires au bombardement, dans le Nord est Manteuffel, avec son armée divisée en deux groupes : l'un, après avoir chassé de Rouen les troupes de Briand et poussé jusqu'à Dieppe, occupe la Normandie, bloque Le Havre ; l'autre, vers Beauvais, fait face aux forces de Faidherbe, qui achèvent de s'organiser. — Au Sud le grand-duc de Mecklembourg vers Chartres, et Frédéric-Charles à Orléans observent les deux tronçons d'armée de Chanzy et de Bourbaki. — Dans l'Est, Zastrow avec un corps d'armée protège la ligne d'étapes, les communications avec l'Allemagne, tandis que Werder, tout en couvrant le siège de Belfort, a pour mission de contenir les divers rassemblements de la région.

On en compte jusqu'à quatre : Pellissier commandant les mobiles de Saône-et-Loire ; Crémer et sa division indépendante ; Garibaldi à Autun avec l'armée des Vosges ; enfin Bressolles formant à Lyon le 24e corps. Il faut citer aussi le corps franc des Vosges, de Bourras. Véritable chaos, où chacun prétend au commandement, et où tout se borne à d'impuissants efforts individuels. Seuls Crémer et Garibaldi sont en mesure d'inquiéter sérieusement Werder, jouent un rôle. Voyons comment l'un et l'autre le remplissent.

GARIBALDI.

Garibaldi, glorieux et vieilli, avait apporté à la République, qui n'osait refuser, le don de son épée : plutôt un embarras qu'une aide. Sa célébrité européenne, son autorité dans le parti avancé faisaient, du vieux chef de partisans italien, un auxiliaire peu commode. Le soumettre à qui que ce fût, impossible. Lui soumettre des troupes régulières et des généraux français, non moins. Autant Garibaldi mettait de fierté à ne relever que de lui, autant les autres mettaient de répugnance à compagnonner avec ses garibaldiens, les fidèles *chemises rouges*, et ce ramassis de corps francs qui constituait, sous la direction du pharmacien Bordone, chef d'état-major, l'armée des Vosges : 17 bataillons et 60 corps francs, amalgame de bravoure et de crapule, bonnes volontés impuissantes, héros et bandits.

De là une action toujours isolée, et, par cette regrettable absence de liaison avec les autres armées opérant dans l'Est, les plus désastreux résultats. Ajoutez l'étrange complication d'un Garibaldi impotent, dépouille illustre aux mains d'un intrigant, ce Bordone aux fâcheux antécédents judiciaires, que la Délégation se voit forcée de ménager, et qui actif, mais de nul talent militaire, brouillon, bouffi de suffisance, s'agite et parade, revêtu de la peau du vieux lion.

Pourtant, quelle efficace diversion eût été un harcèlement méthodique sur ce long et frêle cordon des lignes de l'arrière, unique lien des armées allemandes à la lointaine patrie ! Gambetta, Freycinet le sentaient bien et de là naquit leur grande conception de l'armée de l'Est, lorsqu'il fut trop certain que sur place personne n'était capable d'agir. L'armée des Vosges, qui avait cependant débuté par un heureux coup de main de Ricciotti Garibaldi à Châtillon-sur-Seine, avait échoué en effet, après les petits combats de Pasques et de Frénois, dans sa tentative de reprise de Dijon. Rejetée sur Autun, elle y avait été surprise le 1er décembre, s'était dégagée grâce à la résistance des mobiles et à une hardie contre-attaque du Polonais Bossak-Hauké, puis, à dater de là, ne donnait plus signe de vie, sinon par une inaction tapageuse, à laquelle son chef, l'ancien héros de l'expédition des Mille, malade et dominé, ne pouvait mais.

Le petit corps de Crémer faisait heureusement de meilleure besogne. Déjà, le 30 novembre, il avait battu à Nuits, en le fusillant des hauteurs de Chaux, un fort détachement des troupes de Werder, réel succès qui contribuait au rappel des troupes lancées contre Autun.

Le 18 décembre, il se heurtait de nouveau à l'ennemi, sur cette même position de Nuits, où un combat sanglant se livrait, tout à l'honneur des armes françaises. La division badoise de Glümer s'avançait en trois colonnes, et avant d'emporter la ville, s'épuisait longtemps en furieux efforts contre la ligne du chemin de fer, où le 32e de marche, la 1re légion du Rhône et les mobiles de la Gironde montraient une ténacité de vétérans. Glümer et le prince Guillaume de Bade étaient blessés, Werder lui-même devait prendre le commandement. Mais la défaillance d'une partie de la 2e légion du Rhône, qui se cacha dans les caves de Nuits, laissait Crémer sans réserves. Il fallut se replier sur le plateau de Chaux, puis, faute de munitions, l'abandonner. De leur côté les Allemands, qui perdaient 53 officiers et 893 hommes, jugeaient la journée suffisante, et, loin de poursuivre, se repliaient aussitôt sur Dijon.

CRÉMER.

On en était là, chacun demeurant ainsi sur le qui-vive, d'un bout à l'autre de la France, dans un répit où les deux adversaires reprenaient haleine. Les portes de Phalsbourg, après une héroïque résistance, venaient d'être ouvertes par le brave commandant Taillant, qui ne se rendait que faute de vivres, et non sans avoir détruit tout son matériel. Les autres places de l'arrière, Mézières, Bitche, étaient isolées au loin, condamnées d'avance. Seules dans l'Est importaient Langres qui menaçait la ligne d'étapes ennemie, et Belfort qui subissait son interminable siège.

C'est alors que la Délégation en revint à ce projet, déjà débattu, d'une opération dont tout l'effort eût porté sur les communications allemandes. Principe excellent, qui dès le début eût dû être l'objectif principal (si l'on n'avait été hypnotisé par Paris, si capable pourtant de se défendre seul !), — et qu'à peine admis on gâta, en voulant au préalable débloquer Belfort, qui n'en avait que faire (Denfert tint en effet jusqu'en février, après l'armistice).

On se souvient que Gambetta, après son ardente communion de pensée à Josnes avec Chanzy, avait couru à Bourges, pour stimuler Bourbaki. Il s'y trouva en présence de ce fait accompli : la retraite sans combat avait, grâce à la faiblesse du haut commandement, plus abîmé la première armée que les quatre jours héroïques de Josnes n'avaient fait de la seconde. En vain, essaya-t-il de ranimer le feu éteint de Bourbaki ; il ne s'attirait que cette réponse : « Il n'y a plus que vous en France qui croyez la résistance possible ! » Il balança un moment s'il donnerait à l'armée un autre chef, eut le lourd tort de ne point s'y résoudre. Elle dut conserver, pour l'heure décisive, le plus brave et le meilleur des soldats, le pire des généraux.

Freycinet venait de s'arrêter en effet à la marche vers l'Est au moment même où Gambetta, las d'attendre, prescrivait l'offensive directe vers Montargis ; l'ingénieur de Serres, jeune et énergique agent de Freycinet, accourt de Bordeaux et n'a pas de peine à convaincre le ministre, à séduire le général : Bourbaki souscrit volontiers à un parti qui momentanément l'éloigne d'une bataille rangée.

Le transport de l'armée de l'Est commença aussitôt (18e et 20e corps, plus le 24e, venant de Lyon, et la division Crémer ; — le 15e restait pour former rideau, couvrir le centre, et ne fut rattaché qu'ensuite). Mais, dès les premiers jours, d'irréparables lenteurs ruinèrent, dans ses fondations, le bel édifice des plans. Tout le succès était dans la rapidité foudroyante et le secret ; les compagnies de P.-L.-M. et d'Orléans mirent douze jours à transporter de Bourges et de Nevers à Chagny, à Châlon-sur-Saône, à Dôle 70000 hommes, dans le plus formidable désarroi qui se pût voir. Un personnel affolé, « sans beaucoup d'entrain ni d'ardeur », ne pouvait suffire aux exigences et au pêle-mêle des états-majors et des troupes, chacun criant, et tous ignorant ce qu'ils avaient à faire ! Cependant l'hiver meurtrier sévissait, et le froid, la neige, les privations, l'immobilité du long trajet... Les troupes en débarquant étaient plus éprouvées qu'après une défaite.

Ainsi débutait, dans les pires conditions et avec un total défaut d'organisation matérielle, le vaste mouvement excentrique dont trop tard on espérait le salut, et qui acheva notre perte.

Chanzy, plutôt que cette diversion si vaste, eût souhaité un effort simultané, une marche concentrique des trois armées vers Paris. Mais, du Mans, il avait inutilement essayé de convertir Freycinet, satisfait du projet de son invention, « bien conçu, écrivait-il, et bien coordonné ». Dès lors cependant, de direction d'ensemble nous ne trouvons plus trace. Nous n'aurons qu'à enregistrer, à leur date, les efforts impuissants des trois généraux désunis, à marquer d'une croix noire les étapes douloureuses de la chute.

Tandis que Bourbaki s'enfonce dans les neiges de l'Est et que Chanzy se reforme autour du Mans, Faidherbe entre en ligne. Le 23 décembre, l'armée du Nord (deux minces corps d'armée à l'effectif total d'une trentaine de mille hommes) livre aux 20000 Allemands de Manteuffel (VIIIe corps, 3e division de cavalerie, fractions du Ier corps et de la Garde prussienne) la bataille indécise de Pont-Noyelles.

Le 9 décembre elle s'était mise en marche, répandait

l'espoir dans tout le pays : Le Havre respira. Le 13, une colonne volante, général Lecointe, surprenait la petite garnison de Ham (210 hommes) ; deux colonnes allemandes

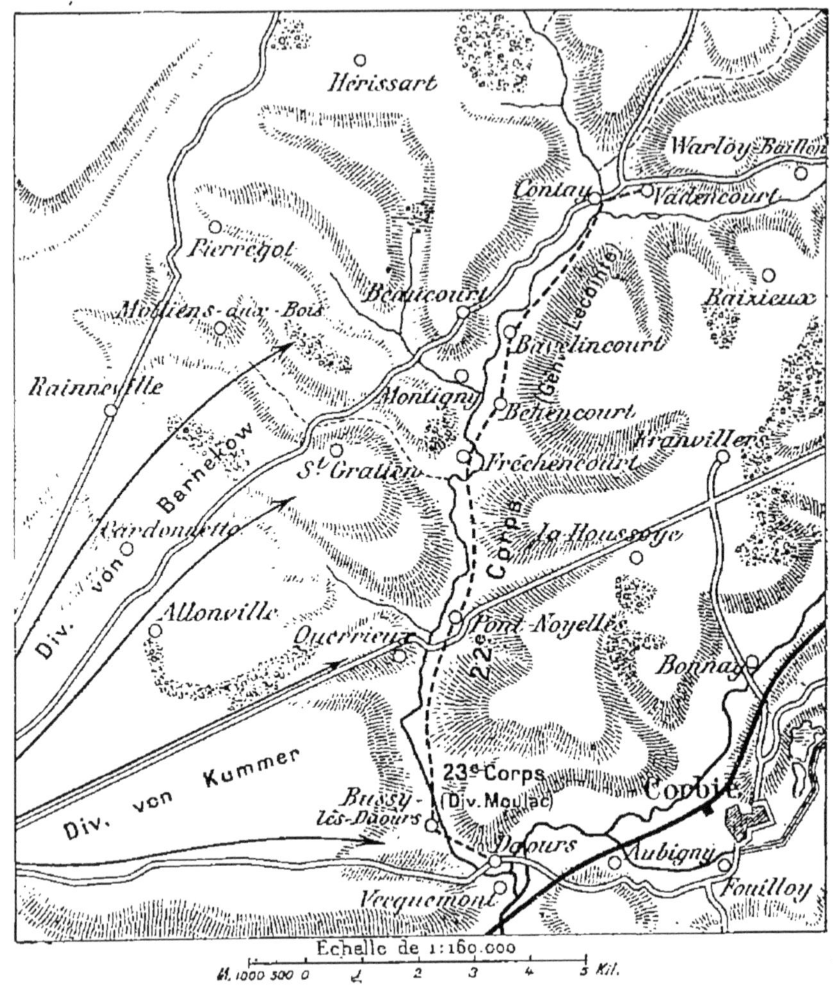

BATAILLE DE PONT-NOYELLES OU DE L'HALLUE (23 décembre).

Les flèches indiquent la direction des attaques allemandes. La ligne ponctuée indique le front de bataille de l'armée française.

rebroussaient chemin, et déjà Faidherbe se proposait de reprendre Amiens. Mais, Manteuffel se concentrait en hâte. Faidherbe jugea préférable de l'attendre sur les collines qui surplombent l'Hallue. Il occupait aussi, postes avancés aux pieds des hauteurs, les villages qui bordent le ruisseau : Bavelincourt, Pont-Noyelles, Daours, le 22e corps tenant la droite, le 23e (Paulze d'Ivoy), la gauche.

La bataille, engagée à onze heures, durait encore à la nuit. Si vers quatre heures les Prussiens avaient emporté la ligne des villages, nulle part ils n'arrivaient à mettre le pied sur les hauteurs, et lorsque vint l'ombre, ils subirent un vigoureux retour offensif ; les divisions du Bessol, Derroja et Moulac, un moment, pénétraient dans tous les lieux qu'elles avaient dû abandonner et, refoulées encore, ne cédaient Pont-Noyelles qu'après un acharné combat, gardaient du moins Bavelincourt.

L'armée du Nord, le soir, campait sur ses positions, toujours maîtresse de la ligne des hauteurs. 900 Allemands hors de combat, contre des pertes doubles de notre part, prouvaient la violence de la lutte. Quelques mobilisés avaient pu lâcher pied, les recrues de Faidherbe n'en avaient pas moins montré entrain et fermeté. Mais une nuit sans feux, par un froid de 8 degrés, et sans vivres que du pain gelé, aggravait les fatigues du jour. Faidherbe, au matin, crut bon d'opérer sa retraite. Quelques volées d'obus, un déploiement de tirailleurs suffirent à masquer le mouvement, qui s'accomplit dans un ordre parfait. Quand les Allemands s'en aperçurent, Faidherbe, hors de vue, ralliait Arras. Dures heures, par ce froid qui suspendait des glaçons aux barbes, par ces routes de neige balayées d'un vent âpre, et où beaucoup semaient leurs semelles de carton, marchaient pieds nus...

Paris cependant comptait les jours.

Le 5 décembre, au lendemain de la Marne, une lettre de Moltke, faisant part du désastre d'Orléans, avait semblé ouvrir une possibilité de négociations. Et Favre qui déjà voyait venir la famine, Ducrot qui jugeait qu'on avait satisfait à l'honneur, beaucoup d'autres, eussent souhaité d'en finir. Mais Trochu n'osa, redoutant le belliqueux patriotisme de la foule.

Le Gouvernement avait de même décidé, contre l'avis de Gambetta et celui de Chaudordy, de ne pas se faire représenter à la conférence de Londres, provoquée par la Russie : elle profitait de notre abaissement pour dénoncer le traité de 1856, qui après la guerre de Crimée, avait limité à 10 bateaux sa flotte sur la mer Noire. La France, première signataire du traité, eût dû être la première représentée. Gambetta souhaitait que Favre allât parler au nom de la République, et *de visu* pût constater, au passage, les efforts, les ressources de la Province. Qui sait? On eût pu peut-être aussi préparer la paix dans des conditions meilleures... Mais, par peur de mécontenter l'opinion avancée en demandant à Bismarck un « humiliant sauf-conduit », Favre s'abstint.

Et les jours un à un coulaient, depuis Champigny, sans qu'on se décidât à reparler d'opérations militaires, de cette sortie qui devait suivre, à court délai. Longue quinzaine d'inexplicable torpeur, où l'immense armée s'usait à vide, où Paris souffrait courageusement, trouvant moins durs encore les privations et le froid que ce marasme et cette incurie. Le 21 décembre enfin, Trochu, pour tromper cette fièvre ardente, jugeait le moment venu d'une saignée.

On allait tenter, avec le corps d'armée de La Roncière Le Noury, un coup de main sur le Bourget, ce Bourget de nulle importance stratégique en octobre, et devenu, en décembre, nécessaire pour conquérir, d'Aulnay à Garges, la vaste plaine d'où Ducrot ensuite s'élancerait. Une diversion de Vinoy sur Ville-Évrard complétait ce plan platonique, simple satisfaction à l'opinion publique.

La Roncière lançait donc deux brigades. L'une ne pouvait dépasser au sud les premières maisons du Bourget très fortifié. L'autre enlevait au nord-onest l'église et le cimetière. Mais les renforts prussiens accouraient de Pont-Iblon, et tandis que nos propres batteries, du fort d'Aubervilliers, de Drancy, écrasaient par mégarde nos marins dans le village, le cimetière nous était vers trois heures repris d'assaut, après une résistance si opiniâtre que de telle de nos compagnies, il ne survivait que 6 hommes.

Dès midi, Trochu, sans envoyer au secours du petit corps d'armée de Saint-Denis une seule de ses innombrables réserves (on avait pour la forme mobilisé une partie de la garde nationale), rompait le combat, prévenant Ducrot de suspendre son mouvement dessiné à peine. Quant à Vinoy, il n'avait enlevé Ville-Évrard que pour la voir reperdre le soir même. (Les Allemands y tuaient le général Blaise, faisaient 600 prisonniers.)

Les jours suivants, où le froid descendait, plus terrible que jamais, — le vin faisait bloc dans les tonneaux, l'eau des corvées gelait à mesure, on fendait le pain à la hache, — Trochu laissait devant le Bourget l'armée au bivouac. On dut évacuer des centaines d'hommes aux pieds gelés. Les troupes oisives se serraient, misérables, autour des brasiers. Les obus allemands sillonnaient la plaine, couverte encore des morts de la bataille.

Enfin, le 26 décembre, quand les troupes eurent passé par de surhumaines souffrances, quand il fut bien démontré à ce fougueux Paris que tout mouvement était devenu impossible, Trochu donna l'ordre de reprendre les cantonnements.

Le lendemain le bombardement commençait.

Cet acte de barbarie inutile, depuis si longtemps réclamé par l'Allemagne entière, et devant lequel on eût pu croire qu'une nation civilisée reculât, Bismarck attendait seulement, pour en donner le signal, que Paris, selon son expression, « eût suffisamment cuit dans son jus » et que surtout le parc de siège fût au complet.

Le « moment psychologique » lui semblait venu.

CHAPITRE XVIII

LE BOMBARDEMENT DE PARIS. — BAPAUME (3 janvier 1871) — VILLERSEXEL (9 janvier 1871).

Depuis la fin de septembre, le cordon alors si précaire des troupes d'investissement s'était peu à peu renforcé, avait fini par compter plus de 200000 fantassins, près de 34000 cavaliers et 898 canons; cercle toujours bien frêle, devant une aussi énorme ville, comptant jusqu'à 2627 canons de place et de siège, et devant une armée de 650000 hommes qui eût rempli son rôle ! Mais, grâce à l'inertie du Gouvernement, l'ennemi avait pu librement s'entourer lui-même de forts retranchements, et, profitant de ce que, fascinée par Paris, la Province ne songeait pas à inquiéter sa ligne de communications, il avait, sur ces minces voies ferrées déjà écrasées par les transports de vivres, fait venir tout le puissant matériel du bombardement : plates-formes et canons de gros calibre, à mille coups par pièce... 16 batteries menaçaient le front sud, 13 le nord, 13 autres l'est.

Ces dernières dans la nuit du 26 au 27 décembre complétaient leur armement, et le 27 au matin, à 8 heures, ouvraient le feu. Une grêle épouvantable s'abattit sur le plateau d'Avron et sur les forts de Noisy, Rosny, Nogent. Trochu, le soir du 28, dut donner l'ordre d'évacuer Avron intenable, et dont la position, bonne naguère pour couvrir la sortie de Ducrot sur la Marne, n'était plus utile.

Mais tant l'exaltation de Paris était grande, une colère indignée s'éleva : tout le monde, dans cet abandon, vit le

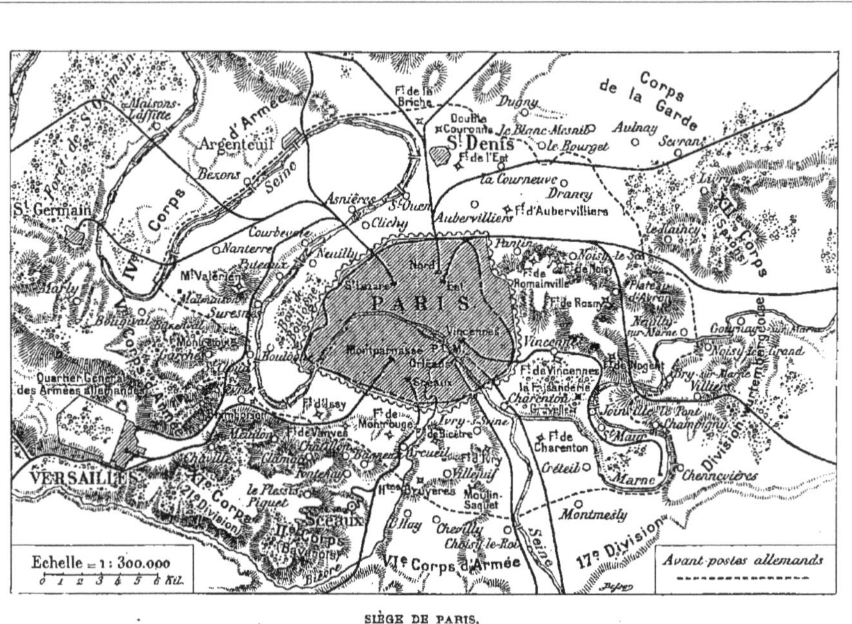

SIÈGE DE PARIS.

renoncement aux derniers projets d'attaque, une reculade de mauvais présage. Fin lugubre de l'année, plus sensible encore ici, cœur même de la nation, que dans la France éparse.

Les vivres s'épuisaient ; on en était réduit au rationnement des conserves et des salaisons, à un pain noir et gluant, à d'innomables graisses. Charbon et bois manquaient. Envahie par le froid, l'ombre, l'éblouissant foyer s'était éteint. Cette ville, un des centres du monde, au-dessus de laquelle flottait jadis, le soir, cette grande lumière rousse qui faisait dire aux voyageurs émus : « Voilà Paris ! » à présent, n'était plus qu'une étendue de misère, avec ses avenues de ténèbres et ses quais vides, le long d'un fleuve de glace.

Mais si fort était le sentiment entêté de la résistance, si rebondissante son âme légère, que Paris fièrement supportait tout. Les femmes, sur qui retombait le plus écrasant fardeau, l'humble foule ouvrière et bourgeoise s'illustraient par un courage viril, une espérance jamais lasse. Ainsi, avec sa fierté blagueuse et sa résignation héroïque, ce Paris, qui ne devait pas tenir quinze jours, tenait depuis quinze semaines ! La noble Cité où tant d'étrangers ne voulaient voir qu'une ville de joie, un bazar de luxe et de plaisirs, donnait le plus admirable exemple : dans la cruauté de la famine et du froid, dans l'humiliation de la défaite, elle puisait de quoi narguer l'infortune ! Elle se montrait plus grande qu'elle n'avait jamais été.

Le 5 janvier, les 16 batteries du sud entamaient la besogne à leur tour. Les projectiles pleuvaient sur le Luxembourg, Saint-Sulpice, le Jardin des plantes, le Panthéon, l'Observatoire. Les détonations se succédaient avec un bruit sourd, comme les coups de piston d'une machine à vapeur. Le bombardement s'abattait sur les hôpitaux, les écoles, les musées, les églises. Il ne respectait pas plus les morts que les vivants, criblait, défonçait le cimetière Montparnasse. Coïncidence bizarre, 21 bombes tombaient sur l'Observatoire, 30 sur l'hôpital de la Pitié, ou, de préférence encore, sur les bibliothèques, le Muséum, la Sorbonne! Mais, tandis que les obus à pétrole allumaient çà et là leurs incendies, Paris un moment stupéfait, se remettait bien vite. Quoi qu'eût pensé Bismarck, le moment psychologique n'était pas venu.

Cent quarante délégués de tous les arrondissements signaient et faisaient placarder sur les murs une affiche rouge, qui invitait le peuple à renverser « un gouvernement d'incapables », réclamait le réquisitionnement général, le rationnement gratuit, l'attaque en masse. Et Trochu d'atténuer l'effet de cette explosion de menaces et de reproches, avec des promesses auxquelles bien peu, ni même lui sans doute, ne se laissaient prendre : « Courage! confiance! patriotisme! le Gouverneur de Paris ne capitulera pas! » Le Gouvernement, ouvrant enfin les yeux, lui avait depuis quelques jours adjoint un conseil de guerre, composé d'un certain nombre de généraux. Mais presque tous étaient malheureusement convaincus de l'inutilité d'un effort quelconque. Aussi bien l'heure opportune, l'instant vraiment efficace étaient passés.

Cependant les rues avaient repris leur physionomie habituelle, les badauds venaient aux quartiers bombardés comme au spectacle. Sitôt qu'éclatait un obus les gamins couraient, donnaient la chasse aux éclats. De pauvres gens faisaient commerce de ces fragments de fonte, chauds les vendaient plus cher. Aux grilles des boucheries, où les queues patientes s'éternisaient, les femmes échangeaient, avec plus de sombre énergie, leur indomptable foi. On regardait le ciel gris traversé de bombes, et l'on haussait l'épaule en disant : « Tire toujours! » On vantait le beau courage des marins dans les forts. Vanves, Issy, Montrouge étaient devenus des nids à mitraille. Le 9, les Allemands n'étaient plus qu'à 750 mètres d'Issy, à 450 mètres de Vanves. Sept batteries nouvelles se construisaient. N'importe ! une obstination ardente raidissait chacun. Une seconde même on espéra. Un pigeon apportait du Nord cette bonne nouvelle : victoire de Faidherbe à Bapaume.

Courte, inutile victoire ! les vaincus en recueillaient tout le fruit.

Nous avons laissé Faidherbe gagnant Arras après l'indécise lutte de Pont-Noyelles. Il établissait ses troupes le long de la Scarpe, qu'aux deux bouts couvraient Arras et Douai, et par un incessant travail il les réorganisait, aussi vite, aussi bien que possible. Cependant Manteuffel se croyant débarrassé pour un temps de toute attaque sérieuse de ce côté, reportait vers la Normandie son attention, laissait au commandant du VIIIe corps, Gœben, le soin d'observer le Nord et, tout à la fois, d'assiéger Péronne, seule place forte qui nous restât sur la ligne de la Somme, débouché précieux. Gœben fut donc obligé de se disperser sur un large front, tandis qu'un fort, détachement, couvert à hauteur de Bapaume par la division Kummer, bombardait Péronne.

La petite ville, moins de 5 000 âmes, défendue par 3 500 hommes et 47 canons (commandant Garnier) était capable de résister à une attaque de vive force, non à un bombardement. Les Allemands, qui l'avaient reconnue à loisir, l'écrasèrent donc, le 28 décembre, avec 58 canons, 52 heures durant, sous un feu réglé à 600 coups par heure, et dirigé, comme à Strasbourg, comme à Soissons, comme à La Fère, non point contre les remparts, mais contre les habitations et les édifices publics. Quand il cessa, le 31, 10000 obus étaient tombés sur l'étroit espace (un par 28 mètres carrés) et les habitants éperdus suppliaient Garnier de se rendre.

Mais au bruit du siège, l'armée du Nord, bien qu'elle reprît à peine tournure, car elle restait comme rompue de sa retraite plus encore que de son combat, abattait ses tentes, accourait en hâte. Manteuffel ni Gœben ne s'attendaient à revoir de si tôt « ce chiendent de Faidherbe ».

Ce fut donc Kummer qui, seul, le 2 janvier, et presque seul le 3, soutint le choc. Il dut, le 2, reculer, cédant Achiet-le-Grand et Bucquoy, mais tenant bon jusqu'au soir à Sapignies, où il faisait 250 mobilisés prisonniers. Faidherbe, à l'aube du lendemain, — un jour glacial et brumeux se levait sur la neige, — reprit avec ses quatre divisions l'offensive. Le 22e corps à droite, le 23e à gauche, emportaient devant eux tous les villages : Biefvillers, Grevillers, Favreuil, Avesnes, Saint-Aubin, Thilloy, arrivaient enfin jusque devant Bapaume, ou Kummer acculé se retranchait. Mais, alentour, les renforts envoyés par Gœben entraient en ligne. Le prince Albert reprenait Saint-Aubin, la 3e division de cavalerie Thilloy. Kummer demeurait maître de Bapaume. La nuit à ce moment tombait.

Faidherbe prescrivit de coucher sur les positions enlevées. Et, maintenant, que faire? Tragique minute d'indécision, après cette glorieuse lutte indécise, et qu'un effort de plus changeait en éclatante victoire. Perte irréparable d'une occasion unique. Gœben en effet, le soir même, donnait l'ordre de retraite, et sans rien laisser derrière lui que de la cavalerie, évacuait Bapaume à notre insu, gagnait la Somme... Quoique doubles en nombre (à artilleries égales, l'ennemi n'avait que 15 000 hommes et nous 30 000) nos recrues, moitié moins aguerries que l'adversaire, eussent-elles pu supporter une nouvelle

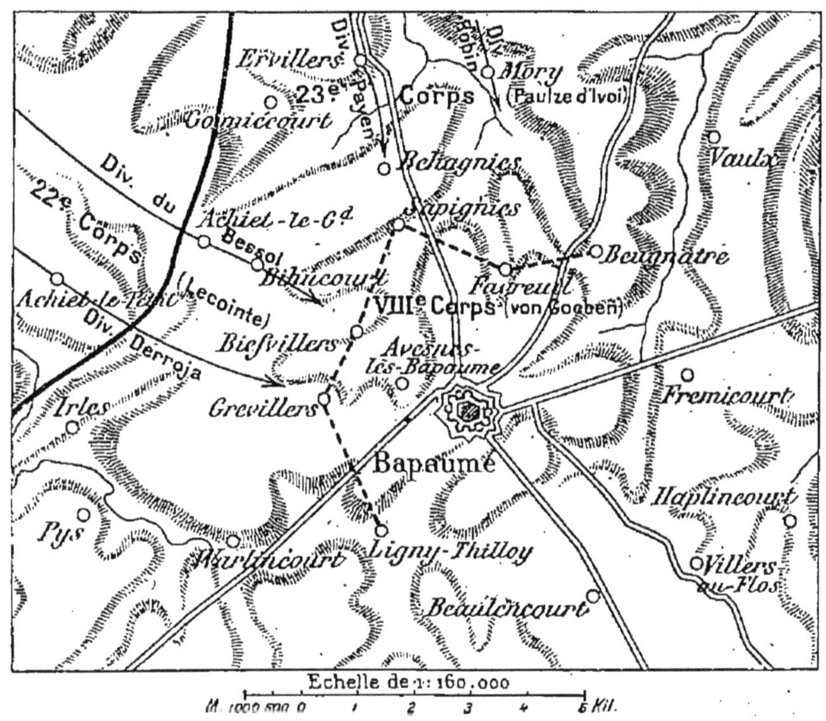

BATAILLE DE BAPAUME (3 janvier 1871).

Les flèches indiquent la direction des attaques françaises. La ligne ponctuée indique le front de bataille de l'armée allemande.

bataille? C'est ce que se demandait Faidherbe. Dans l'ignorance du recul de Gœben, il jugea plus prudent de se reporter en arrière, quitte à foncer de nouveau, bientôt. Ainsi, du même pas, vainqueurs et vaincus se retiraient l'un devant l'autre. Nous avions 53 officiers et 2119 hommes hors de combat : les Allemands : 46 officiers et 1020 hommes.

Péronne, qui s'était vue sauvée, se vit perdue. L'assiégeant (à peine 1000 hommes) redoubla de vigueur; des pièces nouvelles, tirées de la Fère, allaient mêler leur feu aux anciennes ; mais les habitants, d'un vœu unanime, s'opposaient à la continuation de la résistance, et Garnier, touché de leurs souffrances, capitulait, en dépit de ses officiers, et sans que l'assaut fût imminent, sans qu'il y eût même brèche au corps de place. Si les remparts avaient peu souffert, 18 maisons seulement sur 800 restaient intactes.

Cette prompte reddition, qui surprit Faidherbe comme il se remettait en marche, nous rejetait bien au delà de la Somme, restreignait le maigre champ d'action du Nord.

Le même jour (9 janvier), se livrait dans l'Est le combat de Villersexel.

Aux premiers jours de janvier, après sa désespérante concentration, Bourbaki, avec les 18e et 20e corps et la réserve générale (le 24e corps ralliait à peine par petits paquets) s'était enfin mis en route, de Besançon vers Vesoul. C'est là qu'après avoir évacué Dijon, Werder s'était en hâte replié, inquiet devant cette masse de forces qui de partout surgissaient devant lui.

Au grand quartier général, à Versailles, on ne savait rien encore, Moltke croyait toujours Bourbaki entre Nevers et Bourges. Singulière aberration, qui devait se prolonger jusqu'au 5 janvier, lorsqu'après une série de petits combats au sud de Vesoul, un télégramme de Werder lui apprit cette foudroyante nouvelle : la présence inattendue de trois corps d'armée dans l'Est. Moltke vit ses communications coupées, le Rhin franchi ; aussitôt, réparant par de décisives mesures son défaut de perspicacité, il prescrivait à Werder de couvrir à tout prix Belfort, au VIIe corps, Zastrow, et au IIe, Fransecky, de quitter immédiatement Auxerre et Montargis, pour se concentrer autour de Nuits-sous-Ravières et de Châtillon-sur-Seine, en une armée nouvelle, dite Armée du Sud.

Manteuffel, laissant la Ire armée à Gœben, accourait de Rouen pour en prendre le commandement, s'élancer à toute vitesse contre Bourbaki, qu'il aborderait de flanc, tandis que Werder l'occuperait de front.

Cependant Bourbaki, après avoir tâté Vesoul, se décidait à se dérober vers l'Est, le long de la vallée de l'Ognon, afin de débloquer Belfort. Il eût été, certes, de toute nécessité, pour se préserver d'une fâcheuse surprise, que les débouchés de la haute Seine vers la Saône fussent du moins gardés. Il n'en était malheureusement rien.

A la fin de décembre, s'inquiétant de voir Dijon inoccupé, car Garibaldi, malade, et Bordone, vexé de ne point jouer dans cette campagne le premier rôle, s'attardaient sans cause à Autun, — Bourbaki avait rappelé, dans la capitale de la Bourgogne, Crémer déjà en marche vers Langres; les bataillons de Pellissier complétaient la garnison. Mais Garibaldi s'ébranlant enfin, Crémer, le 8 janvier, s'éloignait bien vite, en sorte que l'armée des Vosges, seule, avec les inoffensifs mobiles de Pellissier, allait couvrir dorénavant la gauche, si menacée pourtant, de l'armée de l'Est. Encore si elle l'eût effectivement couverte ! Mais elle s'installait tranquillement à Dijon, sans plus.

Freycinet dirigeait pendant ce temps le 15e corps au renfort de Bourbaki. Les mêmes lenteurs, l'inextricable embarras des transports se renouvelaient. Hommes et chevaux, de faim, de froid mouraient en route. Les trains bondés stationnaient des jours et des nuits sous la neige; et au lieu de faire débarquer bien vite le tout à Besançon,

Bourbaki et de Serres l'attiraient encore jusqu'à Clerval, sur un tronçon de voie que les ravitaillements immobilisaient.

Le gros de l'armée peinait cependant sur les routes de glace, n'avançait qu'avec une extrême peine. Bourbaki, que de Serres suivait, un décret de révocation en poche,

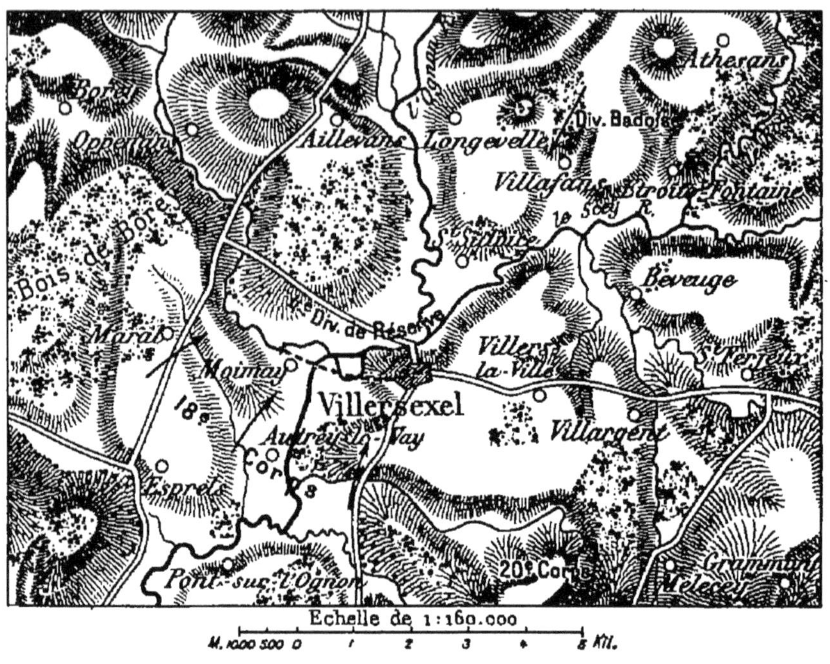

COMBAT DE VILLERSEXEL (9 janvier 1871).

Les flèches indiquent la direction des attaques françaises. La ligne ponctuée indique le front de bataille de l'armée allemande.

sentait peser sur lui la suspicion du ministère, et — bien qu'on lui laissât toute latitude, — incapable d'une franche résolution personnelle, hésitant, il flottait d'un télégramme à l'autre. Une désorganisation intérieure rendait plus incertaine encore la marche de ces milliers et de ces milliers d'hommes, de cette apparence d'armée. Comme à Metz, le chef d'état-major était mis de côté, l'intelligent général Borel remplacé par le colonel Leperche, aide de camp et ami de Bourbaki. Le premier des rouages ne fonctionnait pas.

Que fait Werder? Il est seul, livré à lui-même; il a trois divisions contre trois corps d'armée. N'empêche! il doit couvrir Belfort, il le couvrira. Mais d'abord, il faut arrêter, retarder Bourbaki, qui gagne le long de l'Ognon. Et hardiment il détache la 4e division de réserve et la brigade Von der Goltz, qui viennent donner en plein dans le flanc de l'armée, à Villersexel.

Les Allemands s'emparaient par surprise du château et de la ville (500 prisonniers), refoulaient nos avant-gardes; à l'ouest, ils attaquaient Billot et le 18e corps, enlevaient, gardaient Moimay, emportaient au soir Marat, après un vif combat. Mais c'est à Villersexel que se décidait la journée. Entraînant les fantassins du 20e corps, Bourbaki, transfiguré au feu, se précipitait l'épée haute, criant: « A moi l'infanterie! Est-ce que l'infanterie française ne sait plus charger? » Partie de la division Penhoat, du 18e corps, arrachait aux Allemands la grand'rue, pénétrait dans le château. Une mêlée sauvage l'ensanglantait, Allemands cramponnés au rez-de-chaussée, Français aux étages supérieurs, jusqu'à ce qu'enfin tout croulât, dans les flammes. Werder donnait dans la nuit l'ordre d'évacuer la ville, où jusqu'à deux heures du matin la tuerie s'acharnait. Ainsi Bourbaki, dont deux ou trois divisions à peine avaient été engagées, put s'endormir sur ses lauriers.

Tandis que ce brillant succès immobilisait l'armée entière, Werder, battu mais sauvé, forçait de vitesse, et courant à la Lisaine, nous barrait le passage, surgissait entre Belfort et nous.

CHAPITRE XIX

CHANZY AU MANS. — RETRAITE SUR LAVAL.

Moltke, fidèle à son plan, reprenait campagne. En même temps qu'il allait encercler dans l'Est Bourbaki entre Manteuffel et Werder, il faisait de nouveau front, avec Frédéric-Charles et Mecklembourg, contre Chanzy désormais seul dans l'Ouest.

Le 21 décembre, la 2e armée de la Loire était établie sur la défensive, autour du Mans : le 21e corps, au nord-est, occupait le vaste plateau de Sargé, de la Sarthe à l'Huisne, plus, sur la rive gauche de l'Huisne, l'avancée du plateau d'Auvours, reliée par le pont d'Yvré-l'Évêque; le 16e corps tenait de l'Huisne à la Sarthe, en avant du faubourg de Pontlieue, ce long plateau que traversent les trois grand'routes de la Flèche, Château-du-Loir et la Chartre, et dont le Chemin-aux-Bœufs borde la crête; le 17e, sur la rive droite de la Sarthe, de l'autre côté de la ville, gardait les débouchés de l'ouest.

L'armée se réorganisait jour à jour, grâce à ce précieux centre du Mans, ou cinq voies ferrées jetaient les ressources de la Normandie, de l'Ouest et du Centre; il fallut d'abord trier, réencadrer les innombrables fuyards, les corps francs, les détachements affluant des dépôts, rehabiller, rééquiper tout ce monde. Besogne effrayante qui ne put s'effectuer qu'à demi. Chanzy pressait la formation à Cherbourg d'un corps d'armée nouveau, le 19e, tirait du camp de Conlie, — tout voisin, et d'où était sortie déjà la division Gougeard, — sept à huit mille mobilisés d'Ille-et-

Vilaine. Ces pauvres gens grelottant la fièvre étaient tout ce qui restait d'une soi-disant armée de Bretagne que de Kératry avait été chargé de créer, en même temps que le camp de Conlie ; mais on avait dû la renvoyer presque entière, elle se dissolvait, mourait, dans ce cloaque.

Telle quelle, ranimée pour le suprême effort, cette agonisante armée de Chanzy comptait près de 100000 hommes. Il n'attendit même pas qu'elle fût entièrement refaite, tant il souhaitait reprendre, en même temps que Bourbaki et Faidherbe, une triple offensive, fasciné, hanté par l'incessante pensée : Paris. Dès la fin de décembre il détachait, lançait en avant des colonnes mobiles. Il voyait les autres à son image, ardents, tenaces, espérait ainsi nous raffermir, ébranler l'adversaire. Il ne fit qu'user, disperser ses forces.

Elles lui manqueront quand sonnera l'heure décisive.

Le général Rousseau, du 21e corps, est détaché avec 4000 à 5000 hommes, soutenus par Lipowski, vers Nogent-le-Rotrou. Le général Jouffroy, du 17e corps, avec le meilleur de sa division, s'avance entre Loir et Loire pour rétablir la voie ferrée du Mans à Tours, menacer Vendôme. Dans ces parages d'autres colonnes le soutiennent : la division Barry, qui n'a pas encore rejoint ; Ferri-Pisani qui, le 20 décembre, en avant de Tours a déjà livré, contre des troupes du Xe corps allemand, le combat de Monnaie ; Curten enfin, qui vient de Châtellerault et de Poitiers.

Et du 26 décembre où Jouffroy enveloppe, puis laisse échapper à Montoire un détachement du Xe corps, au 6 janvier, c'est dans toute la région une série de combats sans lien, dont le plus clair résultat est de réveiller, de faire sortir de ses cantonnements Frédéric-Charles.

Le 29, Curten est entré à Château-Renault ; le 31,

Jouffroy a attaqué vigoureusement Vendôme, mais victorieux aux abords même et à Bel-Air, il échoue à Danzé, sur son flanc gauche, et sans insister, recule. Le 5 janvier, Curten se bat à Villeporcher. Mais, dès lors, le moment propice est passé.

Frédéric-Charles, qui le 2 janvier a donné d'Orléans ses ordres de concentration, apprend, le 5, qu'il n'a plus rien à redouter de Bourbaki. Déjà ses avant-gardes atteignent le Loir; le IIIe corps (Manstein) doit entrer le 6 à Vendôme ; le IXe (Alvensleben) avec la 2e division de cavalerie à Morée; le Xe (Voigts-Rhetz) aile gauche, avec la 1re et la 6e division de cavalerie, gagnera Montoire ; à l'aile droite, vers Nogent-le-Rotrou, est un corps nouveau formé avec les restes de l'armée *Ablheilung*, le XIIIe (17e et 22e divisions d'infanterie) aux ordres du grand-duc de Mecklembourg, avec la 4e division de cavalerie.

Masse de 60 000 fantassins, 15 500 cavaliers, et 320 canons, presque aussi épuisée que nous, et qui, sept jours de suite, en cette dure semaine de janvier, de son propre aveu la plus pénible de toute la campagne, avance et combat, refoulant, dans sa marche concentrique, nos colonnes éparses, jusqu'à cette journée du 12, où pour la dernière fois s'effondre, sous le choc repété, l'immense et précaire faisceau humain, si longtemps renoué, soutenu par la seule volonté de Chanzy.

Le 6 janvier, c'est le combat d'Azay, qui rejette Jouffroy en arrière; de la Fourche, où Rousseau plie devant le grand-duc de Mecklembourg; de Saint-Amand, où Curten arrête un moment le Xe corps, dont l'entrée en ligne souffrira dès lors quelque retard.

Le 7 janvier, Jouffroy est battu à Épuisay, Rousseau à Nogent-le-Rotrou, Curten à Villechauve. En vain Chanzy envoie-t-il en hâte à Château-du-Loir l'amiral Jauréguiberry

berry, pour prendre la direction supérieure des colonnes mobiles, coordonner leurs mouvements ; il est bien tard. Dans un perpétuel coup de feu, par les froides journées de brouillard, par les tourbillons de neige, les Allemands sinuent sur le verglas des routes, à travers un pays coupé, mouvementé, hérissé de chemins creux, de clôtures. Le 8, ce sont les combats de Vancé, de la Chartre, de Bellême ; le 9, les combats de Château-Renault, d'Ardenay, de Chahaigne, de Brives, de Connerré, de Thorigné. De toutes parts on se replie sur le Mans, sauf la colonne de Curten qui, coupée, est rejetée vers La Flèche. Un vent d'ouest fait rage, les fossés sont jonchés d'armes et de voitures, les routes couvertes à nouveau de fuyards. On y glisse comme sur un miroir ; il faut marcher à la tête des chevaux, les pousser à coups de plat de sabre.

Frédéric-Charles et Mecklembourg, pas à pas, ont resserré le cercle ; déjà leur centre (Manstein) touche aux avant-postes; les ailes, plus lentes, se rapprochent. Chanzy, pourtant malade, miné de fièvre, loin de céder prétend reporter, d'un élan hardi, sur les positions qu'elles abandonnent, ses divisions à bout de forces. « Est-ce que cet affreux temps, ce froid mortel ne sévissent pas pour les Prussiens comme pour nous? » La bataille, le 10, s'enflamme et tonne sur toute la ligne. A Parigné-l'Évêque, à Changé le 16e corps, — à Saint-Hubert, à Champagné, à Pont-de-Gennes le 21e se battent tout le jour, cramponnés ici, cédant là, héroïsmes et défaillances éperdument mêlés. Mais le soir, en dépit des efforts de Gougeard et de Ribell, Changé, Parigné, Champagné restaient à l'ennemi.

A l'aube du 11, Chanzy, debout par un prodige d'énergie, — il avait claqué la fièvre toute la nuit, — inspectait ses positions, l'étendue de ces bois et de ces champs blancs de neige où l'armée exténuée s'était couchée, la veille sans même dresser de tentes, parmi les canons boueux et les chevaux squelettes.

A l'aile droite, où Jauréguiberry vient seulement de rentrer, sont les mobilisés bretons et le 16e corps ; le 17e est au plateau d'Auvours, Gougeard à Yvré-l'Évêque, Jaurès et le 21e corps sur le plateau de Sargé. Le temps est clair, la neige dure. Chanzy, malgré tout, espère. Il a dicté des ordres inflexibles : résister à outrance, comme à Josnes, défendre les positions coûte que coûte, sans idée de retraite ! Il a interdit l'accès du Mans, prescrit à la cavalerie, aux deux régiments de gendarmes de la réserve Bourdillon, de ramener les fuyards au feu ; s'ils bronchent, fusillés ! Tout chef de corps qui n'aura pu maintenir sa troupe sera cassé, comme récompensé sur le champ de bataille quiconque se sera distingué. Et si l'armée se débande, Chanzy saura la contraindre à faire face, il n'hésitera pas à couper les ponts.

Quand on en est à de tels remèdes, c'est qu'on est déjà condamné.

La bataille fut lente à s'engager ; au nord, commencée à onze heures, elle dura tout le jour sans que Jaurès abandonnât Pont-de-Gennes. Le grand-duc n'avançait pas, ou si peu qu'au Chêne, aux Cohernières, à Lonbron, malgré 3000 hommes tués ou débandés au 21e corps, il ne parvenait pas à donner la main à Frédéric-Charles, arrêté devant le centre.

Là nous perdions, au bout d'une lente lutte, Champagné que Gougeard avait repris pendant la nuit. Tandis qu'Alvensleben réussissait à mettre pied sur le plateau d'Auvours, Manstein s'emparait du château des Arches ; en avant de Changé, ses Brandebourgeois enlevaient la Landière ; il parvenait même, comme le soir déjà tombait, à s'établir au Tertre. Mais rien n'était irrémédiable encore :

Nous tenions, de la Sarthe à l'Huisne, presque toutes

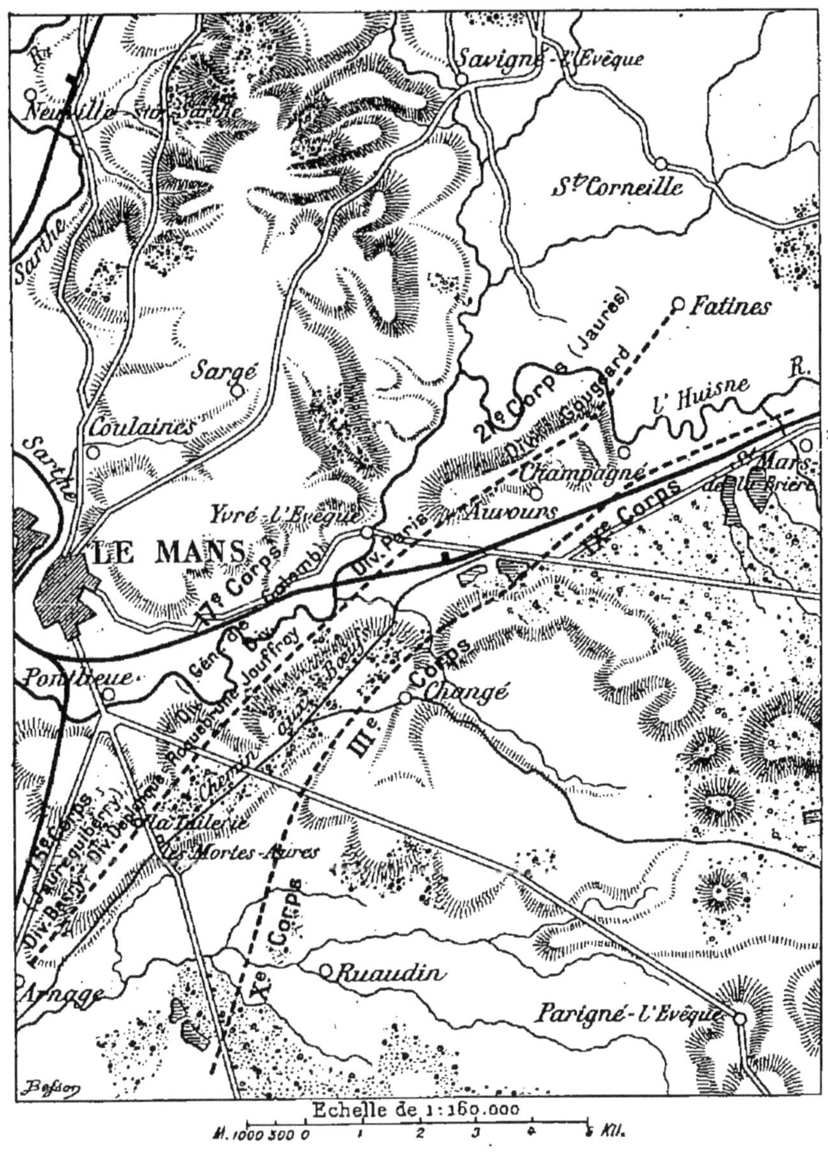

BATAILLE DU MANS (11 janvier 1871).

Les lignes ponctuées indiquent le front de bataille des deux armées le 11 janvier 1871.

les crêtes. Seul Auvours, avancé comme un coin, et d'où les Allemands pouvaient descendre au Mans, nous couper en deux, barrer la retraite, valait qu'on s'inquiétât. Chanzy ordonne de le ressaisir à tout prix.

Alors Gougeard fait braquer, contre les débris de notre division Pâris, fuyards qui dévalent du plateau, deux canons chargés à mitraille. Il lève son sabre, rallie autour de lui les mobilisés de Rennes et de Nantes, le 1er bataillon des zouaves pontificaux, et se souvenant de la devise des héros de Loigny, il fait sonner la charge, il leur crie : « Allons, Messieurs ! en avant, pour Dieu et la Patrie ! le salut de l'armée l'exige ! » Et le long des pentes abruptes, avec un élan digne des plus belles victoires, la poignée de braves se précipite, sous un feu terrible. Le cheval de Gougeard est frappé de six balles, deux autres traversent ses vêtements et un éclat d'obus son képi. On se bat corps à corps, on arrive à la crête, on enlève les fermes à la baïonnette. La journée, compromise, n'était pas perdue.

GOUGEARD.

Le destin cependant suivait son cours. A la nuit close, en effet, apparurent, à notre droite, les avant-gardes du Xe corps. Quoique fatiguées d'une longue marche, elles atteignaient les Mortes-Aures et, sur la crête du plateau que borde le Chemin-aux-Bœufs, enlevaient sans coup férir le poste de la Tuilerie, où les mobilisés bretons, croyant la bataille finie, faisaient la soupe. Épouvantés, sans armes que de méchants fusils à piston qui ne partaient pas, — et il fallait encore que leurs officiers ou leurs aumôniers les chargeassent ! — ces malheureux lâchent pied, fuient éperdus. Les ramener, impossible. Jauréguiberry ramasse ce qu'il peut, le lance dans la nuit.

Ses soldats épuisés se couchent, tirent en l'air, ou fuient. La débandade s'étend, court de proche en proche. Bientôt tout n'est qu'une cohue sans nom autour de Pontlieue.

Comme un arc trop tendu, la corde humaine, à force de misères, avait éclaté. Un peu plus tôt, un peu plus tard, c'était fatal. Tandis que l'armée allemande, terriblement éprouvée, se maintenait encore, l'armée improvisée de Chanzy, faute d'endurance morale, faute de cette longue habitude militaire qu'a l'ennemi, se dissolvait de toute part.

Alors, devant les dépêches sinistres de Jauréguiberry, devant le jour éclairant l'irréparable débâcle, Chanzy qui, jusqu'au matin du 12 janvier, avait voulu résister encore, s'agripper au sol, Chanzy, pleurant de rage, donna le plus douloureux de tous ses ordres. Il écrivit à Gougeard : « Sauvons du moins l'honneur ! » et à Jauréguiberry : « Le cœur me saigne, mais quand vous, sur qui je compte le plus, vous déclarez la lutte impossible et la retraite indispensable, je cède. »

Frédéric-Charles, ignorant le succès de sa gauche, croyait à une nouvelle journée de lutte. Il ne s'aperçut que très tard de notre recul, visible seulement devant le Xe corps. Tandis que Voigts-Rhetz avançait, chassant lentement devant lui ces bandes qui se battaient encore à Auneau, aux Fermes, aux Épinettes, qui se battaient dans les rues du Mans, place des Jacobins, pont Napoléon, place des Halles où il fallut deux bataillons et un canon pour enlever un café, — Jaurès et le 21e corps tenaient bon sur leurs positions, à Saint-Corneille, à Courcebœuf, à la Croix, à Chanteloup.

Ainsi, malgré l'effroyable désordre sur les ponts minés, l'engouffrement fou dans la gare que les isolés prenaient d'assaut, jetant les blessés sur les voies pour s'empiler à leur place dans les wagons, cependant que le matériel s'évacuait à force et que sous une grêle de projectiles s'éloignait le dernier train, — malgré 50000 fuyards répandus sur les routes, où ahanaient les convois en tumulte, l'armée échappait à une ruine totale. Durant cette gigantesque bataille de sept jours qui coûtait aux Allemands 107 officiers et 3261 hommes, nous avions perdu 20000 prisonniers, 18 canons et 2 drapeaux. Nous perdions 1000 hommes encore le 14, le 15, à Chassillé, à Saint-Jean-sur-Erve; mais là se bornait la timide poursuite du vainqueur, qui le même jour se brisait à Sillé-le-Guillaume, contre Jaurès.

JAURÈS.

Le 18, ce qui nous restait de troupes atteignait la Mayenne où Chanzy, comme sur le Loir, comme sur l'Huisne, faisait front. Tel était, dans ce coin de France, l'état des esprits, si bas était descendu le courage, que le conseil municipal de Laval venait trouver Chanzy dès son arrivée et le priait d'éviter à la ville les conséquences d'une action de guerre.

Mais Chanzy, — qui au lendemain du Mans renonçait si peu à son rêve de se battre encore, qu'il avait d'abord assigné à la retraite la direction latérale des lignes de Carentan, d'où l'on eût plus facilement remarché sur Paris — Chanzy qui n'avait gagné la Mayenne que sur l'ordre exprès de Gambetta, se mettait à l'œuvre, infatigable. Le Ministre lui-même, comme à Josnes, comme à Bourges, comme à Lyon, le Ministre qui, partout où sa présence était utile, surgissait avec un admirable dévouement, était accouru à Laval. Déjà ralliait le 19e corps expédié de Cherbourg. Et bientôt les vivres, les munitions se complétaient ; les effectifs s'élevèrent; Chanzy reconstituait les convois, établissait des cours martiales, épurait les cadres.

Confiants dans l'immortelle Patrie, Gambetta et Chanzy s'évertuaient d'un même cœur. Ils se détournaient d'hier, ils se tournaient vers demain. Grand exemple, que l'invincible foi de ces vaincus!

Cependant Mecklembourg, après un combat à Beaumont-sur-Sarthe, était entré dans Alençon d'où aussitôt l'appelait vers Rouen un ordre de Moltke. Tours ouvrait ses portes à une colonne allemande, et Frédéric-Charles, laissant au Mans le IIIe et le Xe corps, reprenait avec le IXe le chemin d'Orléans.

Ainsi, tandis qu'au souffle des deux grands Patriotes une armée nouvelle se reforme, c'est dans le Nord et dans l'Est que la partie se poursuit et s'achève, en attendant que la chute de Paris arrache, des mains de la Délégation, les dernières cartes.

CHAPITRE XX

BATAILLE DE LA LISAINE (15 au 17 janvier). — ABANDON DE BELFORT ET RETRAITE SUR BESANÇON. — LA MANOEUVRE DE MANTEUFFEL.

Victorieux le 9 janvier, Bourbaki, s'il n'achevait d'écraser Werder, allait être pris entre deux feux. Les minutes pour lui valaient des heures. Chaque instant de retard assurait sa perte.

Que fait-il le 10 ? Tandis que Manteuffel, loin encore, se concentre, et que Werder, se hâtant vers la Lisaine, nous devance à Belfort, l'armée de l'Est, tout le jour, attend son attaque. Le 11, au moins, va-t-elle le suivre, en venir à un combat décisif ? Point, il faut que ces masses collées à la voie ferrée, se ravitaillent ; et la journée du 11 et celle du 12, se passent à d'insensibles mouvements, à une inaction pernicieuse autour de Clerval sans garages, sans quais, où les approvisionnements et le 15e corps pêle-mêle s'entassent et s'enchevêtrent.

Le 13 janvier, enfin on s'ébranle, doucement ; et les avant-gardes des 15e et 24e corps rencontrent à Arcey et à Chavanne l'extrême arrière-garde de Werder, masque derrière lequel il s'est dérobé. Insignifiant succès. Nos deux corps d'armée se déploient et la réserve générale (Pallu de la Barrière) avance ; mais déjà le colonel Von Loos est en retraite. Sa mission est remplie, une journée de plus perdue pour Bourbaki.

Celle du 14 se gaspillait dans une immobilité presque complète, sauf pour le 18e corps et la division Crémer, qui venaient de rejoindre, et qui étaient encore à une quinzaine de kilomètres de la Lisaine. Les autres corps y touchaient.

La Lisaine est une mince rivière qui se jette dans le Doubs, à Montbéliard. Elle est comme un fossé avancé aux abords immédiats de Belfort. C'est sur les pentes et les hauteurs de cette petite vallée que depuis le 11 Werder se fortifiait, résolu au choc qui devait décider du sort de la ville assiégée. Trois routes y menaient, l'une à droite par Montbéliard, position des plus fortes dont Werder fait occuper le haut, l'imprenable château ; l'autre au centre, par Héricourt que couvre sur l'autre rive l'avancée du Mougnot, colline solidement retranchée ; l'autre enfin, tournant la position à l'extrémité, par Lure, Frahier. De Montbéliard à Frahier, une chaîne de villages, Béthoncourt, Bussurel, Héricourt, Luze, Chagey, Chênebier et Échevanne, hérissent d'autant de postes la rivière gelée, franchissable en ce moment. De grosses pièces de siège, prêtées par Treskow, étaient amenées de Belfort, garnissaient les pentes, la Grange-Dame, le Vaudois. On jetait sur la neige des sentiers, pour l'artillerie, du fumier et des cendres. Les pionniers cassaient la glace de la Lisaine, tendaient des inondations. Le 15 au matin, Werder et ses 43000 hommes étaient prêts, attendaient les 130000 de Bourbaki.

La veille, inquiet, le général allemand avait songé à la retraite, télégraphié même à Moltke, tant sa position lui semblait critique. Mais l'ordre de Versailles arrivait : « tenir coûte que coûte ; Manteuffel était en marche ».

Bourbaki attaquait enfin. Son plan, avec les 15e, 24e et 20e corps, était d'aborder Werder au centre, tandis que le 18e et Crémer le tourneraient à l'ouest. Mais, comme toujours, mal renseignés, on marchait sans yeux, car la cavalerie à pied, faute de clous à glace, menait ses chevaux par la bride, derrière les colonnes. Les ordres mal rédigés aidant, le 18e et Crémer s'en venaient donner en plein dans l'aile droite ennemie, au lieu de la déborder. On s'entêtait comme un troupeau de moutons devant une barrière, quand la trouée, un peu plus loin, était possible.

Le 15e corps, à peine formé, tout démoralisé encore de son atroce voyage, doit, sous Martineau des Chenetz, emporter Montbéliard et le Château ; les bandes du 24e, sous Bressolles, sont amassées devant Bussurel ; devant Héricourt, Clinchant et le 20e corps ; enfin, garnissant le vide jusqu'à Billot, la réserve générale, près de laquelle se tient Bourbaki. Canonnade et fusillade ne retentissent qu'à peine, car on attend pour s'engager vraiment que Billot et Crémer entrent en ligne. Or, la veille, après une étape affreuse à travers la neige et les bois impraticables, ils n'ont été avertis que bien tard, et ce matin ils se sont empêtrés l'un dans l'autre, sur l'unique route. Le 15e corps, enlevant les premières maisons de la ville basse, vient donc se briser au pied du château de Montbéliard, tandis que le 24e ne peut pas même déboucher en face de Bussurel et que le 20e se borne à une longue canonnade, qui laisse Héricourt, le Mougnot intacts. Enfin, dans l'après-midi, Crémer et Billot paraissent. Le 18e corps tente en vain d'enlever Chagey, où les zouaves un instant pénètrent, et Crémer n'arrive que le soir, épuisé, devant Chénebier.

WERDER.

La nuit tombe, plus meurtrière que le combat. Le froid descend à — 18°, le vent soulève la neige par rafales. Tandis que l'ennemi, derrière ses avant-postes, cantonne, nous bivouaquons, sans autres feux que de maigres flambées de bois vert, autour desquelles le cercle transi se serre : généraux, soldats, jusqu'à des chevaux même. Bien des hommes se sont couchés, qui ne se relèveront pas.

Dans un épais brouillard, le 16, de Montbéliard à Chagey, sur toute la ligne, à Béthoncourt, à Bussurel, au Mougnot, l'attaque des 15e, 24e et 20e corps reprend, mais pour fléchir encore. Billot, écrasé par l'artillerie du Vaudois chaque fois qu'il veut tenter de sortir des bois, ne peut même descendre jusqu'à la Lisaine. Seules, à gauche, les divisions Crémer et Penhoat réparaient leur retard de la veille, enlevaient dans un élan furieux le village de Chénebier. Degenfeld rompu reculait sur Échevanne, puis sur Frahier, gagnait même le soir le moulin Rougeot, à 5 kilomètres de Belfort seulement. Dans l'après-midi, demandant de Chénebier du soutien à Werder, il en avait reçu cette dépêche laconique, qui en disait long : « Tout envoi renfort impossible ». De l'aveu des Allemands, si Billot, si la réserve avaient suivi le mouvement de Crémer, — et rien ne les en empêchait, — la défense de la Lisaine était tournée, tombait ; le siège de Belfort était levé du coup. Mais la nuit vient, Crémer, selon ses ordres, retourne à ses positions du matin, laissant la division Penhoat garder Chénebier, tandis qu'au moulin Rougeot, en hâte les troupes de Treskow hissent à bras d'hommes de gros canons, et que Werder, tranquillisé au centre, lance au secours des deux bataillons de Degenfeld le général Keller, avec 8 bataillons, 8 escadrons et 4 batteries.

Les ténèbres glacées poursuivent leur œuvre, détendent encore les troupes si lasses. Chacun maintenant sait la grave nouvelle, connue de Bourbaki depuis le 10 :

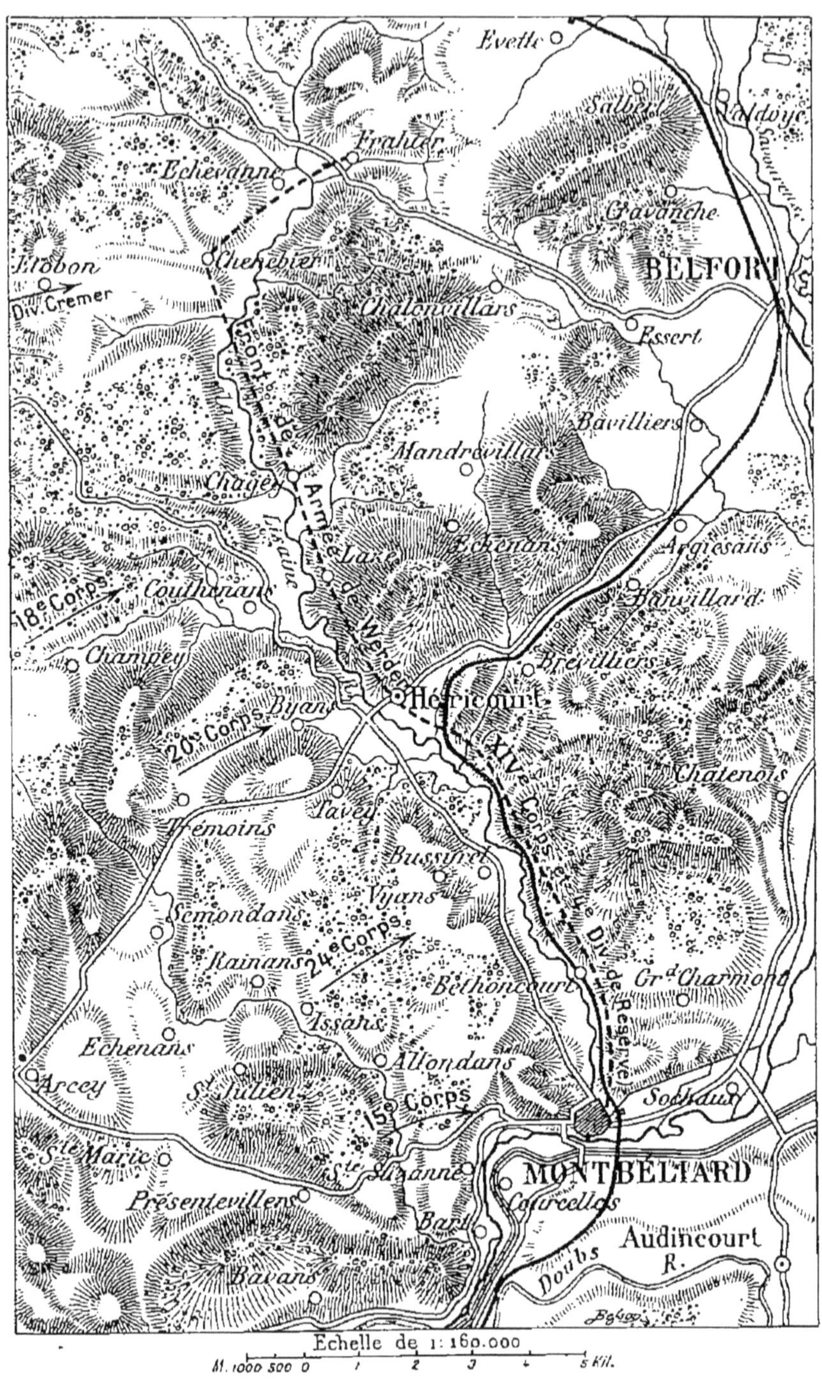

BATAILLE D'HÉRICOURT OU DE LA LISAINE (16 et 17 janvier 1871).

Les flèches indiquent la direction des attaques françaises. La ligne ponctuée indique le front de bataille de l'armée allemande.

Manteuffel arrive, Manteuffel approche ! Pourra-t-on seulement faire lever le siège de Belfort ? la nuit dernière on espérait encore. Maintenant c'est fini.

L'aube du 17 blémit à peine, déjà devant Chénebier le combat reprend. C'est Keller qui, dès cinq heures du matin, cherche à nous arracher le précieux village. Mais Penhoat y tient bon, repousse tout assaut. Sur le reste de la ligne, Billot tentait seul un faible mouvement contre Luze, Chagey, le Vaudois. Devant Héricourt, Bussurel et Montbéliard, les 24e et 15e corps fourbus gardaient leurs positions. Canons et fusils se taisaient d'eux-mêmes.

Les soldats n'en veulent plus. Ils sont à bout. Les ambulances regorgent ; quelques-uns se mutilent pour y entrer. Les Allemands en ces trois jours n'ont perdu que 58 officiers et 1 586 hommes ; nous, en tués, blessés ou disparus, 8 000.

Dès deux heures Bourbaki tient avec quelques généraux un conseil sommaire. Tous, sauf Billot, sont pour la retraite. Battre Werder, débloquer Belfort, impossible, c'est trop certain ! Et puis il faut songer maintenant à Manteuffel. Au risque de voir l'armée, sans le ressort du combat, fléchir soudain, l'ordre fatal est donné. L'immense amalgame recule, laisse Belfort à l'abandon.

Depuis trois jours, l'héroïque petite ville, habitants et soldats, est tournée vers ce canon, dont elle écoute anxieuse l'écho libérateur. Et voilà que la grande rumeur diminue, cesse bientôt. Belfort n'a plus à compter que sur Denfert seul. C'est assez.

Connaissant admirablement la place où il servait avant la guerre comme chef du génie, il en avait, comme gouverneur, complété lui-même les travaux. Il achevait les forts des Hautes, des Basses-Perches, élevait la redoute de Bellevue ; loin de se confiner dans l'étroite enceinte des fortifications, il occupait au loin hauteurs et villages, Danjoutin, Pérouse ; si bien que lorsqu'en novembre s'était présenté Treskow, il avait dû perdre un long mois à enlever les abords, harcelé, repoussé sans cesse. Belfort n'avait cependant pour toute garnison que 16 000 hommes dont, seuls solides, deux bataillons. Mais Denfert, inlassable, veillait à tout. En vain Treskow enlevait le Mont, Essert, Cravanche, Bavilliers ; en vain depuis le 3 décembre durait, ininterrompu, le bombardement ; les habitants vivaient dans les caves, les maisons n'étaient qu'un tas de débris, mais les forts, le château, qui avec les tirs indirects du savant capitaine de la Laurencie faisait merveille, mais Bellevue écrasé d'obus, où le capitaine Thiers tenait toujours, répondaient fièrement, un coup sur trois, pour ménager les munitions. Aidé par le patriotisme du maire Mény, du préfet Grosjean, Denfert incarnait la défense, insufflait à tous cette flamme stoïque dont brûlait son âme républicaine. Et Belfort assiégé semblait aux assiégeants si redoutable, qu'ils le baptisaient de ce glorieux surnom : *Leichenfabrik*, la fabrique de cadavres. Treskow, voyant qu'il n'aboutirait pas du côté de Bellevue, avait repris l'attaque par le sud, ouvert de nouvelles batteries. Le 8 janvier enfin il réussissait à s'emparer de Danjoutin.

L'approche de l'armée de l'Est avait ralenti ses travaux. Partie du corps de siège était nécessaire au soutien de Werder. Mais, dès le 17 janvier, le bombardement reprend de plus belle ; le canon de Bourbaki décroît ; Denfert, qui l'avait salué d'une joyeuse salve à blanc, fait tranquillement recharger ses pièces, et riposte, imperturbable, comme avant.

A peine le dos tourné à Belfort, que la vaillante obstination de Werder lui arrachait, Bourbaki voyait l'armée entière, gangrenée de souffrances, tomber en brusque décomposition. Quatre jours sans fin s'écoulèrent, et avec eux ce torrent d'hommes et de bêtes, qui roulant dans un remous d'épaves canons et convois, précipitait vers Besançon, à travers toutes les routes des vallées de l'Ognon et du Doubs, son flot de catastrophe. En vain Bourbaki songeait-il à manœuvrer encore; en vain, pour se couvrir, garder l'imprenable Lomont et le plateau de Blamont, laissait-il le 24e corps, vers Pont-de-Roide. Régiments, brigades, divisions s'en allaient par morceaux, sans rien qui les reliât, que l'instinct de vivre. Nulles distributions : on pillait. Puis c'étaient des piétinements sans fin, d'interminables pauses grelottantes, affamées, autour de feux où tout passait, voitures démolies, charpentes et portes arrachées aux villages. Les typhiques aux visages jaunes, les varioleux aux mains enflées étaient milliers. Les fusils jetés en tas, les chevaux crevés emplissaient les fossés. Aux bruits des engagements d'arrière-garde, on pressait le pas, on tournait la tête, on avait peur.

Le 23 janvier quand on fut sous Besançon, il ne restait de l'armée de l'Est que le nom.

Tandis que Bourbaki ramenait à leur point de départ ces troupeaux derrière lesquels s'ébranlait Werder, et qu'à Bordeaux Freycinet, inconscient de la situation, échafaudait de nouveaux, d'irréalisables plans, l'armée de Manteuffel mettait à profit chacune des heures qui lui avaient été laissées, depuis Villersexel.

Du 13 au 17 janvier partie de Châtillon-sur-Seine, elle s'est glissée entre Langres et Dijon, elle a traversé cette région montagneuse aux bois impénétrables, aux gorges profondes, où une poignée d'hommes décidés eût suffi à l'arrêter à chaque pas. Mais l'armée des Vosges n'en a cure. Dès le 14, les brigades Ricciotti et Lobbia, à l'annonce des forces ennemies, se sont repliées. Pas un geste dès lors ne sera tenté de Dijon; Bordone et Garibaldi, chargés de garder le passage, de couvrir la gauche de l'armée de l'Est, laissent de propos délibéré le chemin libre. Une brigade, détachée bientôt par Manteuffel, va suffire à les clouer sur place; encore croiront-ils avoir affaire à 70 000 hommes, l'armée du Sud tout entière! Elle hâte cependant ses colonnes, et le 17 janvier au soir, sans un coup de fusil tiré, Manteuffel est maître de la vallée de la Tille et de la route de Vesoul; il va passer la Saône sans combat.

Soudain, le 18, il apprend la victoire sur la Lisaine et ses résultats. Va-t-il aller rejoindre Werder, et de concert rejeter l'armée de l'Est débandée sur Lyon? N'y a-t-il pas mieux à faire?... Couper Bourbaki de sa base, le séparer de la France, l'acculer à la frontière suisse, c'est-à-dire à la capitulation complète ou au désarmement? Mais il faut pour cela se faufiler entre Dijon et Besançon, par Gray, Dôle, atteindre le Doubs. Il faut gagner Bourbaki de vitesse, et pour surgir sur ses derrières, renoncer soi-même à ses propres communications, s'enfoncer au sud, dans un pays ruiné, entre des places fortes... Aussitôt, avec une belle audace, Manteuffel télégraphie à Werder de poursuivre l'offensive, fait lui-même un brusque à droite. Le 19, il couche à Gray; le 21, il entre à Dôle, y trouve 118 wagons de vivres; le 22, il franchit le Doubs, sur une foule de ponts malheureusement laissés intacts; le 23, il rejette Crémer de Dannemarie; déjà ses avant-gardes sont bien au sud, à Quingey, y ramassent 800 prisonniers...

C'en est fait. Les tenailles sont prêtes à se refermer sur Bourbaki à Besançon, comme sur Mac-Mahon à Sedan.

CHAPITRE XXI

L'EMPIRE ALLEMAND A VERSAILLES (18 janvier 1871). — NORD : BATAILLE DE SAINT-QUENTIN (19 janvier 1871). — PARIS : BATAILLE DE BUZENVAL (19 janvier 1871). — L'AGONIE.

Le 18 janvier, au lendemain des batailles suprêmes de la Lisaine et du Mans, à la veille de celles de Saint-Quentin et de Buzenval, un des événements les plus importants du siècle, un des plus pénibles de notre histoire, — conclusion matérielle et morale de la guerre, — s'était accompli : la proclamation de l'empire d'Allemagne, dans la Galerie des Glaces, à Versailles.

Ainsi, avant que le sang eût cessé de couler, avant qu'il se fût refroidi, Guillaume saisissait, posait sur son front tout humide du rouge baptême, la lourde couronne vacante. Ce rêve d'un peuple et d'un siècle, l'unité allemande, il le réalisait par notre ruine, en un triomphe qui dépassait toutes les espérances. Jusqu'à l'endroit choisi, aux portes à demi défoncées de Paris, — ce Versailles témoin de tant de gloires, si longtemps l'image du génie de notre race et comme l'incarnation de la suprématie française, — ajoutait à l'insolent éclat. Il semblait que, dans le glorieux palais du passé, le vainqueur foulât le corps même de la nation vaincue.

Inoubliable date que cet après-midi où au milieu des généraux et des princes de sa famille, Guillaume, après avoir entendu l'office divin à un autel adossé contre les fenêtres du parc, s'était entouré des drapeaux de sa

Garde, et aux acclamations de tous les confédérés, princes héritiers de Bavière et de Wurtemberg, grands-ducs de Saxe-Weimar, d'Oldenbourg, de Bade, de Cobourg, princes et ducs de Hohenzollern, Holstein, etc., avait déclaré « consentir, sur leur demande et celle des villes libres, à rattacher à la couronne de Prusse la dignité impériale ». Bismarck donnait ensuite lecture de la proclamation au peuple allemand; graves, Moltke et Roon écoutaient. Et tous trois sans doute se souvenaient avec orgueil du toast que dès le soir de Sedan leur Roi leur avait porté : « Vous, ministre de la guerre de Roon, vous avez aiguisé notre épée; vous, général de Moltke, vous l'avez dirigée; vous, comte de Bismarck, vous avez par la conduite de votre politique porté la Prusse à la hauteur où elle est aujourd'hui! » Maintenant, l'œuvre était terminée... Et quand Bismarck eut fini de lire d'une voix calme, le grand-duc de Bade acclama Guillaume empereur d'Allemagne, et l'immense galerie, où l'émotion était à son comble, retentit de hurrahs, tandis que les musiques militaires entonnaient leurs hymnes.

Le lendemain, sanglant répons de ces cris de fête, à Saint-Quentin dans le Nord, à Buzenval sous Paris, dans les deux dernières grandes batailles rangées de la guerre, les Allemands achevaient de moissonner leurs lauriers.

On se souvient que Faidherbe, après Bapaume, avait jugé sage de donner à son armée quelque répit, mais, prenant à peine le temps d'une réorganisation partielle, dès le 9 janvier il se reportait en avant vers Péronne et la Somme, derrière laquelle se repliait Gœben.

Le 12 nous occupions Bapaume. Là, Faidherbe apprenait la capitulation prématurée de Péronne et songeait un instant à la reprendre. Mais elle était dorenavant bien gardée, mieux valait tenter l'offensive dans la direction d'Amiens. Les ordres déjà sont donnés (le 14). Arrive une dépêche de Freycinet : Paris prépare un suprême effort. Seul Faidherbe est en situation à présent de coopérer à ce mouvement. Qu'il se dévoue, attire contre lui les forces ennemies !

Un seul moyen : tenter, par Saint-Quentin, une pointe hardie dans la direction de l'Est, menacer ainsi la ligne La Fère-Compiègne. Tentative périlleuse, qui impose à cette armée bien faible, bien lasse, de longues étapes, une marche de flanc que l'ennemi menace, car Faidherbe pour éviter Péronne, doit suivre par des chemins vicinaux la courbe de l'arc dont Gœben tient la corde. Mais l'intérêt de Paris commande, Faidherbe obéit. Le sort en est jeté.

FAIDHERBE.

Le 15 janvier, de fortes reconnaissances sur le front tentent de donner le change à l'adversaire ; le 16, l'armée se met en mouvement par un vaste à gauche. Lent départ, dans le désordre de ces jeunes troupes, marche plus lente encore sous la pluie qui tombe, étend le verglas. Il s'en faut de 15 kilomètres qu'on atteigne la ligne indiquée. Gœben, le jour même, apprend l'entrée de la brigade Isnard à Saint-Quentin ; nul doute, Faidherbe marche vers l'Est. Gœben se résout de l'attaquer sans retard, de flanc et à revers. Il pousse en avant Kummer et Barnekow, et le 18, sur les arrière-gardes des 22e et 23e corps, l'artillerie allemande tonnait, à Beauvois, à Vermand, à Tertry, à Pœuilly. L'armée du Nord, qui a ordre de marcher au canon, s'arrête ; divisions et brigades reviennent sur leurs pas. Les Allemands, qui perdaient 376 hommes et nous faisaient en revanche 500 prisonniers, avaient réussi à retarder si sensiblement la marche que le lendemain Faidherbe est obligé de s'acculer à Saint-Quentin, et, sur ces mauvaises positions, de faire tête.

La Somme, marécageuse et profonde, coupe en deux tronçons distincts la défense. Au sud, en avant du faubourg de l'Isle, est une longue croupe demi-circulaire, sur laquelle Lecointe, avec le 22e corps, s'établit, de Grugies, contre la Somme, jusqu'à la route de La Fère ; à l'ouest, c'est, en avant du faubourg Saint-Martin, un large plateau qui de Dallon sur la rivière s'étend vers le nord jusqu'à Fayet. Paulze d'Ivoy et le 23e corps sont là. Pour retraite, deux seules routes au nord, vers Cambrai, bien précaires pour peu que l'ennemi débordât nos ailes. Faidherbe dispose de 35 000 hommes, fantassins presque tous ; il n'a que 6 escadrons et 71 canons.

Gœben, qui pousse contre Lecointe Barnekow, et contre Paulze d'Ivoy Kummer, met presque autant en ligne. Il a 27 700 hommes d'infanterie, 5 580 cavaliers, 161 canons, — c'est-à-dire une écrasante supériorité en canons et chevaux, en même temps qu'une valeur morale d'infanterie infiniment plus grande. Son plan, qui a le tort de faire trop peu de cas de l'adversaire, est d'envelopper Faidherbe, pour en finir.

Le 19 janvier donc, par une pluie glaciale qui toute la matinée tomba, la bataille décisive, à travers une sombre et brumeuse journée, sur un sol de boue entièrement défoncé, s'engageait, se prolongeait jusqu'à la nuit. A midi, Lecointe et Paulze d'Ivoy tenaient bon encore ; les Allemands échouaient au sud contre Grugies, Giffécourt, Contrescourt, Neuville, Saint-Amand ; à l'ouest nous gardions presque tout le bois de Savy, nous gardions Francilly, nous reprenions Fayet. Mais les réserves de Gœben entraient en ligne (détachements divers expédiés de Paris, de Reims, de Soissons, en chemin de fer). Lecointe, pied à pied, cédait sur toute la ligne, malgré l'énergie des brigades Pittié et Aynès. Il craint d'être bousculé au pont

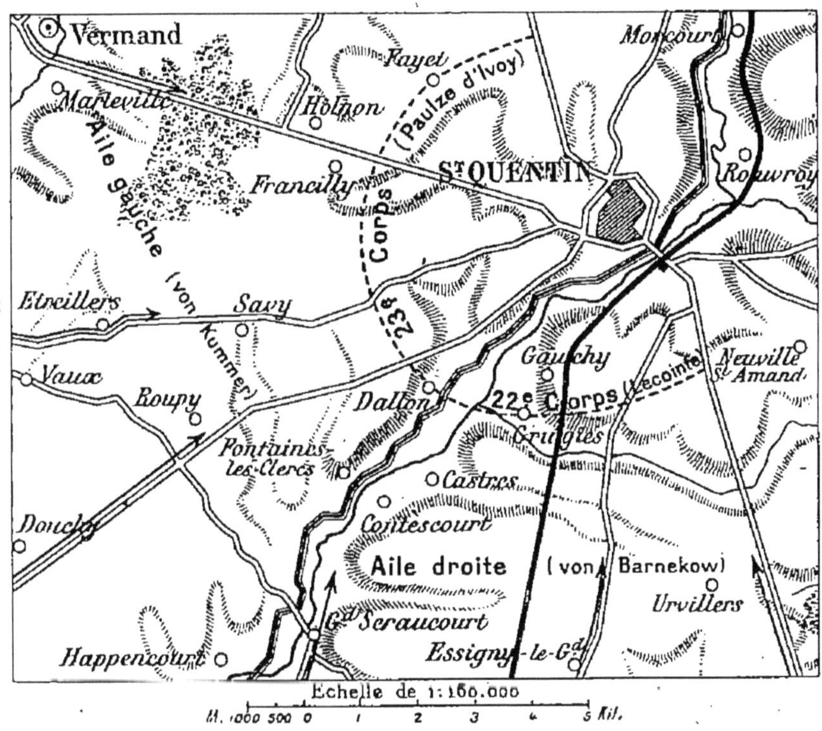

BATAILLE DE SAINT-QUENTIN (19 janvier 1871).

Les flèches indiquent la direction des attaques allemandes. La ligne ponctuée indique le front de bataille de l'armée française.

de la Somme il continue vers cinq heures sa retraite. Paulze d'Ivoy, de son côté, perdait Savy, et, le long de la Somme, Dallon, Œstres, Rocourt, d'où 6 batteries canonnèrent les faubourgs et la ville. Les Allemands heureusement étaient, à l'aile droite, arrêtés devant Fayet d'où les brigades Michelet et Pauly les contenaient, conservant ainsi notre route de retraite. Mais il fallait se replier très vite. L'ordre n'en parvint qu'avec du retard au 23e corps, rejeté dans le faubourg Saint-Martin, et Paulze d'Ivoy ne put s'échapper qu'à grand'peine.

Toute la nuit, tandis que la majeure partie des vainqueurs, ignorant encore les grands résultats de la bataille, s'en retournait cantonner sur ses positions du matin, l'armée du Nord s'écoula vers Cambrai. Faidherbe avait beau sauver ses canons (moins six), son trésor et près des deux tiers de ses troupes, il perdait 13000 hommes, dont 10000 prisonniers, et, pour longtemps, l'espoir de tenir campagne. Du moins la molle poursuite de Gœben, qui avait 96 officiers et 2304 hommes hors de combat, montrait une fois de plus qu'en dépit de leurs défaillances nos recrues s'étaient comportées de manière à étonner des vétérans.

Comme la deuxième armée de la Loire, l'armée du Nord et son chef avaient bien mérité de la Patrie.

Une tragique coïncidence voulut que le jour même où succombait Faidherbe, Paris abdiquât ses dernières espérances. Saint-Quentin, Buzenval : double glas du 19 janvier!

Paris, qui se résignait aux obus prussiens, ne se résignait pas à la lente mort à laquelle Trochu, Favre, tout ce gouvernement de phraseurs et d'incapables, le condamnaient. La masse de la population, les petits bourgeois, les ouvriers, les femmes, tout l'humble monde qui souffrait du manque de vivres, — ne se pouvant payer 50 francs un kilo de beurre ou 200 francs une oie! — cette foule qui la première eût gagné de voir ses souffrances finir avec la capitulation, s'enrageait à n'en point vouloir, à réclamer « la sortie torrentielle, la lutte à outrance ».

Mots qui finissaient par sembler bien ridicules aux généraux, dès le premier jour désabusés. Idées dont la vertu eût été toute-puissante, si, pour les appliquer, on eût commencé par utiliser, militariser la bonne volonté du nombre, les uns ayant ce que les autres n'avaient pas. Entre garde nationale d'une part, entre ligne et mobile de l'autre, le dissentiment croissait. Il faut bien le dire : c'est du côté du peuple de Paris qu'étaient le sens juste et l'honneur.

Si fort s'élevait le sentiment public que le Gouvernement craignit de négocier avant une tentative de combat. Il décidait enfin, après plusieurs longues délibérations, de tenter, sous le canon du Mont-Valérien, une action contre le plateau de Garches : objectif, Versailles.

Trochu s'en chargea lui-même. Ducrot n'avait plus d'illusions, jugeait qu'on ne pourrait sortir « de ce goulot de bouteille ». Cette fois, sur 90 000 hommes, on décidait d'envoyer au feu 42000 gardes nationaux. « De quoi calmer ces braillards ! » D'ailleurs, nuls préparatifs, malgré trois jours libres. Le 18, aux ponts d'Asnières et de Neuilly, 30 régiments mobilisés s'entassèrent, campèrent là dans la boue, sous la nuit pluvieuse. Pas un officier d'état-major pour les diriger, les renseigner. Cependant, à l'aube, les trois colonnes d'attaque, aux ordres de Vinoy, Bellemare et Ducrot, essayaient en vain de se constituer. Chacune d'elles, éléments de ligne et de mobiles désignés au hasard, s'amalgamait tant bien que mal avec les « sang impur » — sobriquet des gardes nationaux à cause de leurs perpétuelles *Marseillaise !* — et l'on essayait d'avancer, dans une incroyable salade de toutes armes.

Le signal d'attaque, trois coups de canon du Mont-Valérien, devait être donné à l'aube, par Trochu. A sept heures, n'ayant point encore vu le Gouverneur de Paris, le

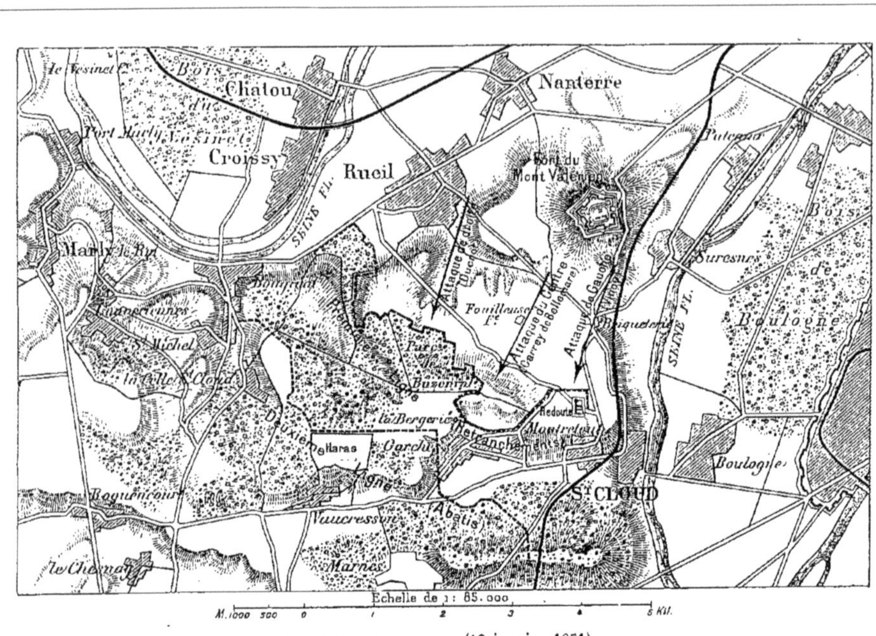

BATAILLE DE BUZENVAL (19 janvier 1871).

Les flèches indiquent la direction des attaques françaises. Les lignes ponctuées indiquent les positions retranchées des Allemands.

commandant du fort prend sur lui de faire tirer. Les têtes de colonne de Vinoy et de Bellemare débouchaient seulement, dans l'étroite plaine au pied du fort. Le reste, et la colonne entière de Ducrot, se traînaient très loin derrière, jusqu'à Courbevoie. Déjà les tirailleurs de Vinoy fusillent Montretout, Trochu leur fait courir après, annonce un nouveau signal pour dans une heure. Trop tard ! il faut que Bellemare, au contraire, entre en ligne, soutienne Vinoy.

D'un vif élan, les deux premières colonnes avancent. Vinoy enlève la redoute de Montretout et les premières maisons de Saint-Cloud, mais ne peut parvenir à extraire des chemins encombrés son artillerie. Bellemare, maître du château et du parc de Buzenval, prend pied de même sur le plateau, s'empare des premières maisons de Garches, mais repoussé, ne peut dépasser la Bergerie. Petits postes, grand'gardes de l'ennemi ont été partout refoulés. Ducrot, par malheur, apparaît seulement en bas, dans la plaine, débouche de Rueil. Il est onze heures.

On n'avancera plus. Le Prince Royal a massé ses bataillons. Toute l'après-midi s'use à essayer de franchir le parc de Buzenval, à faire brèche au mur meurtrier de Longboyau, qui barre le plateau. Bellemare n'y peut réussir, pas plus que Ducrot, dont la droite piétine dans le parc de la Malmaison. Ligne, mobiles, — et surtout ces mobilisés si suspects redoublent en vain leurs assauts, montrent que si on ne leur a pas appris à vaincre ils savent du moins mourir. Le colonel de Rochebrune, le célèbre peintre Henri Regnault, le vieux marquis de Coriolis, l'explorateur Lambert, combien d'autres (un tiers de l'effectif général des pertes) attestaient ainsi quelles ressources on avait jusque-là méprisées !

Cependant, avec le jour, la confiance décroît. On a juste assez de forces pour repousser la contre-attaque allemande. Bientôt même on recule, quelques bataillons de gardes nationaux les premiers. Mais en avait-on fait des soldats ? Trochu ordonne la retraite. Volte-face subite, irrésistible. Seule la colonne de Ducrot conserve quelque calme ; celle de Vinoy, oubliant dans Saint-Cloud un bataillon de mobiles, celle de Bellemare s'écroulent et tourbillonnent. Une panique effroyable se rue vers les ponts, s'y écrase. Les ténèbres voilèrent cette déroute sans nom. Trochu achevait d'effarer Paris en annonçant une hécatombe (4 000 hommes ; l'ennemi n'en perdait que 600).

Alors, de l'espoir fébrile, on tomba à l'abattement le plus morne. Les vivres s'épuisaient ; le 21 commença le bombardement de Saint-Denis et du front nord. En vain, dans la nuit, le Gouvernement arrachait à Trochu sa démission de gouverneur (fonction et titre étaient supprimés) et, par une singulière contradiction, le gardait à la Présidence ; en vain nommait-on Vinoy, *in extremis*, général en chef des armées de Paris. Le 22, contre-coup de Buzenval et sursaut de colère devant l'imminente capitulation, une émeute vite réprimée éclatait, ensanglantait la place de l'Hôtel-de-Ville.

C'étaient les convulsions de la fin.

CHAPITRE XXII

Combats de Dijon (21, 22, 23 janvier 1871). — Coup de main de Fontenoy (22 janvier 1871). — Retraite de l'armée de l'Est sur Pontarlier. — Entrée en Suisse (31 janvier 1871).

Tandis que Manteuffel accélérait sa marche vers le Doubs, la brigade Kettler s'avançait, le 21 janvier, contre Dijon. L'armée des Vosges, dont une action énergique eût pu être, pour Bourbaki, le salut, avait jusque-là borné ses opérations à un simulacre de reconnaissance, le 18, sur Messigny (une lieue et demie). Elle allait, forte de 40000 hommes, mettre trois jours de combat pour en repousser 7000.

Kettler, le 21, enlève les villages de Plombières, d'Hauteville, de Messigny, de Fontaine-lès-Dijon, arrive jusqu'au pied de Talant ; le 22 il se repose et se réapprovisionne ; le 23, il reprend la lutte. Il s'emparait de Pouilly, pénétrait jusqu'au faubourg Saint-Martin, où l'arrêta la puissante artillerie de la place. Lutte acharnée, où jusqu'au soir garibaldiens et mobilisés arrachèrent par deux fois Pouilly aux Poméraniens, et après laquelle, à la nuit close, ils retrouvaient sous des tas de morts un drapeau prussien. Les habitants votèrent à Garibaldi des actions de grâce pour la vaillance avec laquelle il s'était cramponné à Dijon ; Manteuffel n'en demandait pas plus. Sans être inquiétée, la petite troupe de Kettler se retira, son rôle joué.

Au même moment, sur les lignes directes de communication de l'ennemi, 300 partisans montraient ce que peut l'endurance et l'entrain, au service d'une volonté ferme. Le 18 janvier, un corps franc de « Chasseurs des Vosges », commandant Bernard, aux ordres d'un comité civil composé de quelques patriotes, les ingénieurs Goupil, Rollin, Loisant, quitte son camp de Boène, aire inaccessible dans la forêt de Lamarche. Il se glisse de bois en bois, la nuit, dans un pays infesté d'ennemis, franchit la Moselle à Pierre-la-Treiche, se jette dans la forêt de Haye, et le 22 au petit jour, ces braves font à la barbe des défenseurs de Toul sauter le pont de Fontenoy, passage de la grande voie ferrée Paris-Strasbourg, puis, sains et saufs, ils regagnent leur camp. L'artère principale du ravitaillement des grandes armées du siège était coupée net, trop tard il est vrai pour un résultat efficace, mais à temps pour qu'on vît l'émotion des Allemands. Par représailles, ils saccageaient et brûlaient Fontenoy de fond en comble, frappaient la province d'une amende de 10 millions. Procédés barbares, qui disaient seulement l'étendue de la rage, une mortelle crainte que de pareils exemples fussent imités. Ces petites expéditions, pratiquées à temps, vigoureusement, et en grand nombre, — là sans doute ! plus que dans les vastes armées sans cohésion, sans instruction, sans cadres, improvisées par la France surprise, — là eût été le salut... si quelque chose avait pu sauver un pays qui désespérait de se sauver lui-même.

Le rapide effondrement de l'armée de l'Est, après les désastres de Chanzy, de Faidherbe, de Trochu, semblait le prouver, à cette heure même.

Le 23 janvier, la moyenne partie de nos troupes avait atteint Besançon. C'était le jour où, déjà plus au sud, les avant-gardes allemandes s'emparaient de Quingey, poussaient leurs reconnaissances vers Mouchard, Salins, Arbois.

Manteuffel était dès lors maître des deux voies ferrées qui reliaient encore Bourbaki à la France, vers Lons-le-Saulnier, Lyon. Werder, de son côté, achevait de pousser en queue les fuyards, occupait Clerval et Baume-les-Dames. Autre grave souci : le malentendu d'un ordre rappelait du Lomont et de Blamont les bandes du 24e corps, qui, attaquées au même instant, fuyaient éparses, la division Comagny filant pour son compte jusqu'à Pontarlier !

Le lendemain 24, Bourbaki tenait au Château-Farine un conseil de guerre. Atterré, il venait d'apprendre que Besançon renfermait à peine quelques jours de vivres (évaluation fausse, il en restait pour un mois et demi).

Mais dès lors, impossible de s'attarder; il fallait remettre en route ces masses exténuées. Vers où ? Gray, Auxonne ? De tous côtés, c'était l'impasse, le cauchemar de Manteuffel et de Werder... Seul Billot opinait pour une tentative vers Auxonne, mais, Bourbaki lui offrant sa place, il refusait. Tous les autres généraux se rangèrent à la retraite sur Pontarlier.

Pontarlier, sur la frontière suisse, parmi les hauts plateaux de neige du Jura ! Pontarlier que ne reliaient au pays que d'étroits boyaux dans la montagne ! Il fallait du moins ne plus perdre une seconde, précipiter l'armée vers ces précieux couloirs de dégagement, si l'on tenait à éviter l'écrasement fatal, ou le passage en Suisse.

Par une aberration inexplicable, Bourbaki perdit encore deux jours. Il se bornait, le 25, à envoyer Crémer avec trois divisions en avant sur la Loue. En même temps il ordonnait à ce qui restait du 24e corps, accourant pêle-mêle vers Besançon, de rebrousser vers les positions du Lomont, — de nulle utilité pourtant, depuis que la retraite sur Pontarlier était décidée. Afin de soutenir le mouvement rétrograde, il rappelait à lui le 18e corps, déjà en chemin. Sans doute, l'idée de mourir en soldat lui était-elle venue?

Toute la journée du 26 s'usait, pour le 18e corps, à retraverser Besançon, à fendre en sens inverse, sur une longueur de quelques kilomètres, l'affreux pêle-mêle des convois; Bourbaki, désespéré, faisait lui-même sur la route la police des voitures. Le soir enfin, après avoir dicté les ordres du lendemain, prescrit le départ pour Salins, il abdiquait une tâche au-dessus de ses forces. Il tenta de se suicider d'un coup de revolver dans la tempe. Mais la balle glissait comme sur une plaque de fonte... Il dut survivre à son malheur.

A l'heure où il essayait d'échapper à cette ruine de l'armée, que ni sa vaillance ni son dévouement n'avaient pu conjurer, et que des fatalités implacables avaient causée plus que ses propres indécisions, — Bourbaki ne commandait déjà plus. Un télégramme de Freycinet l'avait remplacé par Clinchant.

Les événements des derniers jours avaient dessillé les yeux du Délégué, qui de Bordeaux se rendait mal compte, jugeant Garibaldi « décidément notre premier général », conseillant à Bourbaki des marches impossibles. Au mot de Pontarlier il avait enfin vu clair; il dégageait sa responsabilité en rappelant de Serres; il ordonnait à Crouzat, commandant à Lyon, de faire une diversion sur Lons-le-Saulnier avec « une promptitude foudroyante »; il s'adressait « au grand cœur de Garibaldi », à « son génie » pour qu'il intervînt vers Dôle, Mouchard.... Mais qu'eût pu Crouzat? Que pouvait le vain secours de quelques francs-tireurs, dirigés sur Dôle?

L'armée de l'Est était perdue.

Clinchant, le 27, l'engageait sur les pentes du Jura.

Son espoir était de tenir à Pontarlier, d'y prolonger

une guerre de montagnes. Mais avec quoi ? il ne commandait qu'à une foule en haillons, où, à part quelques bien rares unités, il n'y avait plus ni grades, ni rangs, rien qu'une immense cohue d'uniformes mélangés, qui le long des routes montantes s'élevait en gémissant, gravissait l'indicible calvaire. Autour de Besançon, où deux divisions étaient laissées, plus de 30000 isolés et traînards s'éparpillaient, maraudant et pillant. Le reste, plus de 100000 hommes confondus, cheminait dans la neige, sans rien d'humain que la faculté de souffrir, qui s'atrophiait elle-même. La misère passait les forces. On piétinait comme un bétail, à moins qu'on ne se laissât choir pour mourir sur place, de faim, de fatigue, et de froid. Une longue toux — poitrines en feu, membres glacés — secouait les colonnes, leur serpentement noir, à l'infini, entre des murs de neige. Seconde retraite de Russie, dont l'horreur égalait l'autre. C'était une chose étrange que les chevaux affamés, se rongeant queue et crinière, mangeant le bois. Spectres au poil bourru, glacé de givre. Ils crevaient par centaines.

CLINCHANT.

On n'était soutenu que par l'idée de la Suisse proche, havre de repos, vers lequel des malheureux poussaient déjà. Le 28 janvier au soir, on atteignait les environs de Pontarlier.

Mais, à cette heure, l'une des deux seules routes qui le long de la frontière suisse permissent de se glisser à travers les blancs massifs, de Pontarlier vers Saint-Claude, la route de Champagnole, était coupée. Le 26, Fransecky (IIe corps) était entré à Arbois évacué, et avait conquis Salins, après un court combat d'artillerie contre les forts, pendant lequel la municipalité hissait peureusement le drapeau blanc, suppliait le commandant français de cesser le feu, pour épargner la fortune et la vie des habitants. Au bruit de cette occupation, l'une des trois divisions de Crémer s'était repliée; les autres avaient gagné Pontarlier, abandonnant du coup la route de Champagnole, que, le 28 seulement, les avant-gardes de Fransecky interceptaient. Il n'y avait plus d'ouverte que la voie de Mouthe, par les deux étroits chemins de Saint-Laurent et de la Chapelle-aux-Bois.

Un irréparable malheur nous les fermait.

Ce même 28 janvier au soir, Paris étant à bout de vivres, Jules Favre signait, avec la capitulation, un armistice de vingt et un jours. Mais, soucieux seulement des intérêts de la Capitale, il se laissait arracher par Bismarck une clause criminelle, qui laissait aux vainqueurs tout le temps d'anéantir l'armée de l'Est et de prendre Belfort : les départements de la Côte-d'Or, du Doubs et du Jura étaient exclus de l'armistice ! Enfin, pour achever cet acte inqualifiable, il omettait d'en avertir Gambetta, dans le télégramme de notification.

Clinchant, à peine arrivé à Pontarlier, en avait détaché Crémer avec de la cavalerie, pour s'assurer la voie de Mouthe et les défilés qui la commandent. Mais Fransecky, repoussant aux Planches et à Nozeroy les troupes de Crémer, le rejetait vers Saint-Laurent, barrait l'avant-dernier passage... En même temps l'avant-garde de Zastrow bousculait les débris du 15ᵉ corps, et, ne perdant que 7 hommes, faisait prisonnière à Sombacourt la division Dastugue presque entière (2 généraux, 2 100 hommes, 10 canons, 7 mitrailleuses, 48 voitures, 319 chevaux, 3 500 fusils). A Chaffois la division Thornton se défendait mieux, quand, apprenant la conclusion de l'armistice, soudain elle s'arrêta de combattre. Mais les Allemands poursuivaient, désarmaient 1 800 hommes.

Partout, au mot magique : armistice ! les fusils tombaient des mains. Cette foule traquée, qui préférait se laisser prendre plutôt que de continuer la lutte, respira, vit la fin de son supplice... Clinchant aussitôt d'envoyer à Manteuffel un parlementaire, de télégraphier à Gambetta, qui, sur la foi du néfaste télégramme de Favre, confirma la nouvelle. On est le soir du 29 janvier, mais le quartier général prussien est à 28 kilomètres, par des chemins impossibles. C'est le 31 au matin seulement que la réponse parvient : un dur refus du vainqueur ; il n'a connaissance de rien ! Pas d'armistice pour l'armée de l'Est... Et tandis que, le 30, Clinchant et l'armée immobiles espéraient, Fransecky impitoyablement avançait vers le sud, tranchait, aux Granges-Maries, la dernière issue, le sentier de la Chapelle-aux-Bois.

Les tenailles s'étaient refermées.

Manteuffel maintenant se concentrait, pour foncer définitivement sur ces masses inertes, qu'on était las de ramasser, prisonnières en détail. C'était l'égorgement certain, inutile. Clinchant préféra conserver à la France toutes ces pauvres vies. Il concluait, le 31, avec le général Herzog, commandant des troupes suisses, la convention des Verrières, et le 1er février, laissant derrière lui 15 000 prisonniers et un matériel considérable, il traversait la frontière avec son immense et tragique troupeau. L'inépuisable charité suisse allait s'ingénier à soulager tant de maux.

Un éclair de gloire illumina du moins la dernière heure. Montrant que tant vaut le chef, tant vaut la troupe, la réserve générale, division Pallu de La Barrière, et des fractions du 18e corps, au défilé de la Cluze et au fort de Joux, avaient bravement tenu, couvrant jusqu'au bout l'évacuation lamentable. L'avant-garde prussienne, après avoir pris Pontarlier plein de traînards, s'était brisée à cette résistance sanglante, imprévue. Plusieurs officiers généraux, divers groupes isolés, le corps franc des Vosges, deux divisions éparses, avaient ensuite repris liberté de manœuvres. A travers montagnes, ils rallièrent la France, au prix de souffrances surhumaines.

Dans cet incroyable désastre, tout l'honneur n'avait pas sombré.

CHAPITRE XXIII

Capitulation de Paris (28 janvier 1871). — L'antagonisme avec Bordeaux. — Belfort et Bitche tiennent toujours. — Les élections (8 février 1871).

Pendant que l'inexorable destin s'appesantissait sur l'armée de l'Est, Gambetta, courant de Laval à Lille, travaillait avec Chanzy et Faidherbe à la reconstitution de leurs armées : au centre, deux corps nouveaux surgissaient, les troupes du général de Pointe vers Nevers et le 25e corps marchant à l'attaque de Blois. La Délégation, loin d'être abattue, poursuivait avec fièvre son œuvre admirable.

La chute de Paris suspendit tout.

Depuis l'émeute du 22 janvier, une tristesse profonde s'était répandue. On sentait que la capitulation était proche. Plus de pain, plus de soldats. On l'avait cependant mangé jusqu'au bout, sans se plaindre, ce fétide pain noir ! On avait noblement supporté les pires misères : les privations, et ce rigoureux hiver qui montrait la nature même conjurée, et l'inaction démoralisante, et jusqu'à cet inutile bombardement, qui, s'il écrasait quelques forts, avait d'autre part montré l'héroïsme des marins, l'endurance des habitants, et laissait la formidable ville intacte, derrière ses remparts. N'importe ! c'était maintenant fini. La faiblesse du Gouvernement avait jour à jour dilapidé la réserve des forces, dans cette longue résistance passive, dont la grandeur, hélas ! inefficace « demeurera, dit Thiers, l'un des monuments de la constance et de l'énergie humaines ».

Dès le 23 janvier, Favre allait, à la nuit, négocier avec Bismarck. Entre le vieil avocat sensible et le dur chancelier, la partie fut vite jouée. Favre venait avec le sage dessein de ne traiter que pour Paris, sentant bien qu'il n'avait nulle mission de stipuler pour le reste de la France, dont il ignorait la situation réelle et les ressources; mais dès les premiers mots tout fut dit. Bismarck hautain déclara avoir traité avec l'Empire; on venait trop tard. Pur mensonge, qui aplatit Favre; il vit Paris affamé, la révolte, céda vite. Dès cette première conversation, il était percé à jour, livrait la France. Bismarck, la porte fermée, siffla la curée: « Hallali! dit-il, la chasse est faite. »

Le 26 janvier, le bombardement cessait, et le 28, après de longs et pénibles débats, Paris obtenait ces conditions: il livrerait sa ceinture de forts, tout le matériel de sa gigantesque armée, à l'exception des fusils de la garde nationale, ces fusils dont on n'avait su faire usage en temps utile et qu'on lui laissait aujourd'hui, moins certes par hommage à son esprit de patriotisme, comme s'en vanta Favre, que par terreur d'un désarmement difficile. « Croyez-moi, lui répétait Bismarck, vous faites une bêtise! Et tôt où tard il vous faudra compter avec ces fusils que vous conservez à ces exaltés. » 12000 hommes de l'armée active demeuraient de même organisés, pour assurer l'ordre; le reste, près de 242000, serait prisonnier dans Paris. Apparente concession, qui évitait aux Allemands le transport de cette masse dans ses forteresses et ses geôles regorgeant déjà de plus de 370000 prisonniers, tant des armées impériales que des armées de la Défense! De même Manteuffel soupira de soulagement, en voyant les troupes de l'Est internées en Suisse. Enfin, Favre réussissait à abaisser à 200 millions la contribution de guerre de Paris, d'abord fixée par Bismarck à 1 milliard, comme plus digne ainsi « de cette personne si puissante et si riche ».

Mais, hypnotisés par la Capitale, Favre et le Gouvernement, contre tout droit, enchaînaient du même coup le sort de la nation. En quoi Paris, n'étant plus dans l'espèce qu'une ville assiégée, séparée depuis cinq mois du pays, pouvait-il engager les provinces, où une défense distincte s'acharnait, maintenait l'honneur du nom français? Usurpant un déplorable pouvoir, Favre signait un armistice de vingt et un jours, pendant lesquels la France allait procéder aux élections et réunir une assemblée nationale, qui déciderait « en liberté » de son sort. Mais, cette liberté, n'était-elle pas, à vrai dire, supprimée d'avance, par l'armistice même, qui ne fortifierait que les vainqueurs, relâcherait l'énergie des villes et des campagnes maintenues dans le devoir par la seule foi de Gambetta et de Chanzy? Et si grande éclatait la légèreté de Favre, que non seulement, comme on l'a vu, il acceptait d'exclure de l'armistice Belfort et l'armée de l'Est, mais que, pour la cessation des hostilités sur les autres points, il admettait encore de délimiter les territoires sur renseignements prussiens.

Pis encore. En apprenant à Gambetta l'armistice, il oubliait de lui spécifier qu'il n'était exécutable qu'après trois jours.

Aussi, tandis que Gambetta le faisait appliquer partout et ne savait que répondre aux télégrammes éperdus de Clinchant et de Garibaldi, les Allemands poursuivaient campagne, étendant de tous côtés leurs mains crochues. C'est de la sorte qu'Abbeville, deux arrondissements du Calvados, moitié de l'Yonne, du Loiret, du Loir-et-Cher, de l'Indre-et-Loire, une partie du Morvan, du Jura, de la Côte-d'Or nous étaient enlevés, d'un trait de plume. C'est de la sorte que le 25e corps, déjà maître des faubourgs de Blois, reculait au delà de Vierzon, que Garibaldi évacuait Dijon devant la forte division d'Hann de Weyhern, que Belfort enfin, sur l'injonction du Gouvernement, le 16 février, ouvrait ses portes.

DENFERT-ROCHEREAU.

La vaillante Cité, l'héroïque Denfert restaient invaincus. Si, après l'abandon de Bourbaki, Treskow avait pu s'emparer de Pérouse, il avait échoué le 26 janvier dans l'attaque de vive force des forts des Hautes et Basses-Perches, perdant 10 officiers et 427 soldats tués, blessés ou capturés; il avait fallu revenir au siège régulier, écraser les Perches d'obus pendant deux semaines, avant de les voir évacuer. 97 canons allaient enfin tonner contre le château, dernier réduit de Denfert contre les 25000 soldats de Treskow, quand l'armistice fut étendu à la région. Le 18 février, avec armes et bagages, clairons sonnants et tambours battants, la faible garnison, drapeaux déployés, quittait la ville. Les postes prussiens présentaient les armes. Denfert, désormais illustre, sortit le dernier, le front haut.

TEYSSIER.

Une autre glorieuse petite ville, la dernière qui fit flotter sur les Vosges les trois couleurs, ne devait se rendre que plus tard. Le brave commandant Teyssier et sa poignée de héros, après quarante semaines d'investissement, et trois bombardements dont un seul, en dix jours, avait couvert la place de vingt mille obus, quittèrent leurs remparts inviolés, le 26 mars seulement. On avait oublié Bitche jusque-là.

Au coup de foudre de l'armistice, — car si Gambetta s'attendait à voir Paris payer bientôt les fautes de Trochu et de Favre, il n'imaginait pas que leur banqueroute entraînât la France, — l'éloquent tribun, loin de plier, se redressa. Il arrivait de Lille, où comme partout, il avait prêché la guerre sainte, stigmatisé la paix, cession, mutilation de la Patrie !... « Livrer une parcelle du sol, ce serait violer le droit de tous ! la France était le bien commun, chaque motte de terre qu'elle couvrait de son drapeau, un patrimoine inaliénable ! Si chacun avait, comme lui, cette conviction profonde, c'était la défaite assurée de la Prusse ; que pourraient 800 000 hommes contre des millions de Français ayant juré de vaincre ou de périr ? »

Aussi, lorsque laissé sans autres nouvelles de Paris que le bref télégramme de Favre, il reçut des mains de Chanzy le texte de la convention, transmis par Frédéric-Charles, lorsqu'il en eut la narquoise confirmation de Bismarck même, son indignation éclata. Il lançait au Pays un vibrant appel : « la Prusse comptait sur l'armistice pour énerver, dissoudre... elle espérait une assemblée tremblante, prompte à subir une paix honteuse ; mais il dépendait de tous de mettre à profit l'armistice pour réorganiser vivement nos forces, nommer une assemblée vraiment nationale, républicaine, voulant la paix si elle assurait l'honneur, le rang, l'intégrité du Pays, mais capable de vouloir aussi la guerre, et prête à tout plutôt que d'aider à l'assassinat de la France ! » Pour aider à l'épuration de cette assemblée, un décret en excluait les hauts fonctionnaires du régime déchu.

Le Gouvernement de Paris aussitôt protesta. Envoyé par ses collègues, Jules Simon était accouru à Bordeaux, s'était heurté aux reproches violents de Gambetta.

N'osant combattre de front le dictateur tout-puissant dans la ville, Simon lui faisait en dessous opposition, soutenu par Thiers qui se jugeait l'homme providentiel de demain, et approuvé par tous les partis réactionnaires, qui espéraient de leur côté dans cette pêche en eau trouble. Gambetta s'était en effet trompé en voyant dans les partisans de l'Empire les seuls fervents de la paix. Orléanistes et légitimistes n'étaient pas moins hostiles à la continuation de la guerre en qui ils voyaient l'incarnation et la prolongation de la République. Habilement, dans tout le Pays las de la lutte, ils exploitaient cette situation, représentaient le régime nouveau comme le seul obstacle à cette paix que la majorité de la nation souhaitait. Bismarck lui-même venait à la rescousse, déclarait qu'une Chambre élue d'après le décret de Gambetta ne serait pas reconnue par la Prusse. Elle ne voulait que d'une esclave, résignée aux pires conditions! Soufflet de plus, qu'on endura. Enfin accouraient, pour soutenir Simon, trois membres du Gouvernement de Paris, Pelletan, Arago et Garnier-Pagès, porteurs d'un décret qui annulait celui de Bordeaux.

Bien qu'acclamé par des réunions tumultueuses, supplié par presque tout le Midi de continuer la lutte, Gambetta fléchit devant la perspective d'une guerre intestine. C'était une autre guerre qui avait fasciné son espoir, soutenu ses veilles, enflammé le colossal labeur de la Délégation! Au nom de la Patrie il cédait, ordonnait aux préfets la soumission, la conciliation.

Le 8 février, les élections avaient lieu

CHAPITRE XXIV

L'Assemblée nationale (22 février 1871). — Entrée des Allemands a Paris (1er mars 1871). — Ratification des préliminaires. — État de la France. — Conclusion.

Le 22 février, par un matin vif où, dans l'air doré, flottait un printemps précoce, Bordeaux semblait une ruche bourdonnante. A l'agitation des derniers mois s'ajoutait tout le mouvement de l'Assemblée nouvelle, ces 800 députés arrivant des quatre coins de la France. Les uns, nommés par les provinces envahies, avaient vu le sol natal foulé sous les lourdes bottes, le pillage systématique, les répressions sanglantes. Les autres, sortis des provinces encore libres, en connaissaient les inépuisables ressources. Puis c'étaient des hommes amaigris et jaunis, les représentants de ce Paris qui n'avait capitulé que devant la faim. On eût été en droit d'attendre, de ces espoirs comme de ces désespoirs, une résolution virile. La France, sans doute, allait se souvenir de la grande leçon que lui avaient naguère infligée à elle-même deux nations qui ne voulaient pas mourir. L'Espagne et la Russie avaient brisé l'effort de Napoléon. La France serait-elle impuissante à briser celui de Guillaume ?

Hélas! le vote qui allait sortir des urnes était d'avance connu. Fait significatif : 29 départements avaient élu Thiers, l'homme de la paix ; 9, Gambetta, l'homme de la guerre. Dès les premières séances, on écarta la supplique des Alsaciens-Lorrains criant à la tribune leur douleur, leur révolte, l'inébranlable fidélité de ces terres depuis deux cents ans françaises. L'Assemblée nationale, présidée par Jules Grévy, nommait Thiers chef du pouvoir exécutif, avec mission d'aller négocier à Versailles sur des bases définitives.

Le 28 février, il était de retour. L'avant-veille avaient été arrêtés, entre Bismarck et lui, les préliminaires de la paix. On en connaît les tristes clauses : abandon de l'Alsace moins Belfort, abandon d'une partie de la Lorraine avec Metz, indemnité de 5 milliards, occupation du territoire jusqu'à payement intégral, qui devait être effectué le 1er mars 1875; enfin prorogation de l'armistice jusqu'au 3 mars, avec entrée le 1er mars et séjour de 30 000 Allemands dans Paris jusqu'à ratification des préliminaires.

THIERS.

On connaît aussi cette entrée comme honteuse, ce bref séjour de quarante-huit heures. Passés en revue à Longchamps par leur nouvel Empereur, les 30 000 délégués des armées victorieuses pénétrèrent par l'Arc de Triomphe, descendirent le long des Champs-Élysées déserts, furent comme parqués dans un étroit espace, jusqu'à la place de la Concorde. Autour d'eux grondait la colère de la foule.

Ce que l'on connaît moins, c'est la précipitation que cette triste Assemblée de 1871 mit à ratifier les préliminaires, soi-disant pour abréger à Paris la douleur du contact allemand, en réalité pour s'assurer vite des loisirs politiques, au prix du traité le plus douloureux de notre histoire. Le 29 février, elle votait l'urgence, sans presque même entendre le détail des territoires cédés. Le 1er, décidant en hâte son propre abaissement, elle étouffait sous ses cris les protestations indignées de quelques patriotes. En vain Edgar Quinet montra le danger de la frontière ouverte, Berlin à la porte de Paris, l'avenir menacé s'épuisant en efforts, en armements ruineux. En vain, Louis Blanc fit toucher du doigt la guerre de race, brutalement voulue, poursuivie par l'Allemagne, l'ignominie d'acheter la paix par un marché déshonorant. En vain, il faisait appel à l'énergie ancienne, aux fiers exemples de 1792. « Nos pères eurent foi dans la Patrie, attestait-il ; ils vainquirent à force de croire la France invincible ! » En vain, les députés de l'Alsace et de la Lorraine, au milieu d'un morne et frémissant silence, s'en vinrent-ils jeter leur plainte désespérée ; le parti de la majorité était pris. 546 Français décrétaient la mutilation de la France, 107 seulement se rallièrent autour de Gambetta et de Chanzy.

On n'avait même pas, pour sceller l'irréparable, attendu de prendre connaissance des rapports sur l'état du pays. On eût été peut-être gêné d'apprendre, par des chiffres officiels, que nous avions encore 222000 fantassins, 20000 cavaliers, 34000 artilleurs, 1232 canons attelés, et des munitions, et des voitures à l'infini ; que dans les divisions territoriales nous avions en plus 350000 hommes, 130000 recrues de la classe 1870, et 443 canons montés, sans compter 98 batteries fournies par les départements !

L'ancienne armée de Faidherbe, répartie dans les places du Nord et dans la nouvelle armée qui se formait en Bretagne ; Chanzy à Poitiers avec l'armée de la Loire ressuscitée, prête à rentrer en ligne ; le 25e corps à Bourges, les troupes du général de Pointe à Nevers, le 24e, débris de l'Est à Chambéry, le 26e en formation à Lyon sous Billot, — qui sait s'il n'y aurait pas eu là assez d'hommes pour harceler, fatiguer à la longue ces 800000 Allemands tout aussi avides de paix, pressés de revoir enfin leurs foyers ? N'avaient-ils point payé, eux aussi, à ce monstre dévorant de la guerre, l'affreux tribut du sang, un dur sacrifice de 6 250 officiers et 124 000 hommes ?

Chanzy, dans nos forces encore importantes, voyait d'ailleurs surtout des points d'appui qui eussent permis à la nation de se reprendre enfin. La véritable armée eût alors été ce réveil du patriotisme, la volonté de vaincre. N'y avait-il plus de rivières et de montagnes ?.... Le défenseur de Josnes espérait dans cette défense du sol pied à pied, une résistance derrière tous les obstacles. Guerre nationale, redoutée du vainqueur par-dessus tout, et qui l'eût lassé peut-être, qui eût fini par émouvoir l'Europe !

Hélas ! la Nation elle-même avait prononcé, dans cette longue et tragique séance où elle n'avait trouvé d'unanimité que pour acclamer la déchéance de l'Empire. On eût dit, véritablement, à l'indignation de l'Assemblée, à ce « haro ! » général, l'empressement de coupables qui se déchargeaient sur un complice.

Juste victime expiatoire, l'Empire, sans doute, avait été le premier auteur de nos maux. Son aveugle incurie avait précipité la France à l'abîme. Mais, après les premiers sursauts du vieil orgueil et du courage de la race, la nation de Jeanne d'Arc, la nation de Hoche et de Carnot ne s'était-elle pas laissé bien vite gagner, en dépit de l'inébranlable foi des grands acteurs de la Défense, par une morne lassitude, un découragement presque général ? N'était-elle pas, quelques reproches que pussent mériter tels ou tels, la première responsable de sa défaite ?

L'histoire témoigne, par quelques résistances indomptées, qu'un grand peuple qui refuse de se laisser écraser, à la fin triomphe. Quand on veut, on peut. Un sage l'a dit : « *Les destinées d'une nation ne sont que la conséquence logique, inflexible, de ce qu'elle vaut, de ce qu'elle a longuement préparé, par ses actes, ses défaillances ou son énergie* (1). »

La France, en 1871, n'a pas *voulu*. Là est le vrai secret, non de ses premiers, mais de ses derniers échecs. Un vertige avait frappé la belliqueuse de naguère, fière de siècles de victoires. Elle s'était détendue au culte, à la jouissance de l'argent. Ceux qui ne se battaient pas, les paysans dont la petite fortune naissait, et qui, selon le beau mot de Michelet : « commençaient seulement à manger depuis des siècles », ne voyaient que leur pécule, le moment de cultiver en repos ce morceau de terre qui les nourrissait. Ceux qui se battaient, apportaient aux armées, — gigantesques organismes qu'on ne peut créer d'un coup, — les qualités et les défauts de la France d'alors, primesautière et brave, mais sans l'ombre d'éducation militaire et civique. Beaucoup, certes, surent bien mourir; c'est là le courage d'une seconde, un éclair qui peut jaillir de l'âme de tout homme. Mais l'endurance, la cohésion, la patience, l'abnégation qui fait se passer de pain, de feu, d'habits, qui fait coucher à la dure, recevoir la pluie à torrents, marcher dans la neige! Mais le sacrifice quotidien, heure par heure et minute par minute! Mais savoir commander et savoir obéir : cela on ne l'obtient que par un long enseignement préalable, une discipline constante du cœur et des muscles.

Puisse le cruel châtiment de 1870 rester toujours présent à nos mémoires. Sachant ce qui a manqué à nos pères, nous saurons ce que nous avons acquis, et ce qui nous reste à acquérir. La France républicaine a beaucoup fait. L'armée aujourd'hui, c'est la Nation même. Plus la

(1) Viollet-le-Duc.

Nation sera grande, plus elle aura la religion de ses devoirs, et plus l'armée sera forte.

C'est beaucoup, du moins, que de n'avoir pas à rougir de son passé. L'année terrible, qui nous propose des exemples à éviter, nous en offre à suivre. La vaillance des troupes impériales, les souffrances courageusement supportées de Paris, l'immense effort de Gambetta et de ses malheureuses armées : il y a là de quoi dorer d'un reflet de gloire ces sombres heures, — de quoi éclairer l'avenir d'un rayon d'espérance.

Ce serait faire injure au légitime orgueil national que de ne pas rappeler aussi, après tant de pénibles tableaux, l'unanime effort qui, dès 1871, souleva le Pays, le zèle avec lequel la France entière se remit à l'œuvre, son impatience à payer la dette de guerre, — (le 5 septembre 1873 les derniers millions étaient versés, et le 20, les derniers Allemands quittaient le territoire, dix-huit mois avant la date fixée pour la libération), — l'ardeur de tous enfin à redevenir, si vite, la puissante nation d'avant le désastre.

Morale : il ne faut jamais désespérer de rien, ni de personne, ni surtout d'un peuple, qui, au fort de la crise, fait preuve d'une semblable vitalité, et qui, après la crise, est si prompt à panser, à effacer ses blessures.

FIN

CORBEIL. — Imprimerie ÉD. CRÉTÉ.

www.ingramcontent.com/pod-product-compliance
Ingram Content Group UK Ltd.
Pitfield, Milton Keynes, MK11 3LW, UK
UKHW021045220726
13924UKWH00005B/2019